Irene Nießen

Auf immer und ewig

Irene Niessen (Hg.)

Auf immer und ewig

Von der Kunst, zu zweit zu leben

Europa Verlag München · Wien

Die Deutsche Bibliothek – CIP-Einheitsaufnahme

Auf immer und ewig :
von der Kunst, zu zweit zu leben / Irene Nießen (Hg.) –
München ; Wien : Europa-Verl., 1998
ISBN 3-203-80508-1

Lektorat: Afra Margaretha

Umschlaggestaltung: Wustmann und Ziegenfeuter, Dortmund
Umschlagmotiv: Die Ballpause/Rudolf Roessler, Foto: AKG Berlin

Herstellung: Dabas, Dabas
Printed in Hungary
ISBN 3-203-80508-1

Für meinen Mann natürlich

INHALT

DAS IST SCHWER: EIN LEBEN ZU ZWEIN.
NUR EINS IST NOCH SCHWERER:
EINSAM SEIN.

Vorwort

Alle Übel dieser Welt gehen auf Adam und Eva zurück. Eva ließ sich von der Schlange becircen, nahm sich einen Apfel vom Baum der Erkenntnis und verführte Adam, der zu jener Zeit – wie man bei Mark Twain in »Adams Tagebuch« nachlesen kann – auf der Flucht (!) vor dem weiblichen Geschöpf war.

Die beiden knabberten in schöner Eintracht und mit einem verstohlenen Blick zum Himmel an ihrem Äpfelchen, wurden mit einem Donnerwetter darauf hingewiesen, daß sie nackt waren, schämten sich ganz fürchterlich und schon hatten wir den Salat.

Um nach diesem elenden Entree in die Welt den Schaden zu begrenzen, gaben sich die Menschen Gesetze und Religion. Je nach Ausgestaltung dieser Kombination ging es bei den verschiedenen Völkern und Glaubensgemeinschaften locker oder streng zu. War bei den Christen schon allein der Gedanke, des Nächsten Weib zu begehren, Sünde, so kam der Moslem kaum in die Bredouille, weil ihm Mohammed von vorneherein mehrere Ehefrauen gestattete. Freie Geister wie der Dichter Ovid fanden sowieso nichts Verwerfliches an Verführung, Begehren und Hingabe und wurden für die Veröffentlichung derartiger Gedanken postwendend in die Verbannung geschickt. Genützt hat es nichts. Selbst die Einführung der Institution Ehe konnte jenem von unseren Urahnen praktizierten Trieb, das Verbotene zu tun, nicht Einhalt gebieten. Sie forderte im Gegenteil spitzfindige Geister geradezu heraus, das starre Korsett der Eheregeln möglichst sportlich auszudehnen. Mit einem Granny Smith war es nicht mehr getan.

Die Erfahrung lehrt, daß nichts von Dauer ist und das Glück schon gar nicht. Trotzdem schwören sich Paare ewige Liebe. Das ist gut so. Anzustreben ist dieses Ziel allemal, es zu erreichen, steht auf einem anderen Blatt. Beziehungsweise auf den 113 nachfolgenden Seiten, einem Kaleidoskop von Geschichten, in dem die verschiedenen Facetten der Kunst, zu zweit zu leben, mal hell, mal gebrochen, immer aber farbig aufleuchten.

Irene Nießen

Max Frisch

Ist die Ehe für Sie noch ein Problem?

1.
Ist die Ehe für Sie noch ein Problem?

2.
Wann überzeugt Sie die Ehe als Einrichtung mehr: wenn Sie diese bei andern sehen oder in Ihrem eignen Fall?

3.
Was haben Sie andern öfter geraten:
a. daß sie sich trennen?
b. daß sie sich nicht trennen?

4.
Kennen Sie auch Versöhnungen, die keine Narben hinterlassen auf der einen oder auf der andern oder auf beiden Seiten?

5.
Welche Probleme löst die gute Ehe?

6.
Wie lange leben Sie durchschnittlich mit einem Partner zusammen, bis die Aufrichtigkeit vor sich selbst schwindet, d.h. daß Sie auch im Stillen nicht mehr zu denken wagen, was den Partner erschrecken könnte?

7.
Wie erklären Sie es sich, daß Sie bei sich selbst oder beim Partner nach einer Schuld suchen, wenn Sie an Trennung denken?

8.
Hätten Sie von sich aus die Ehe erfunden?

9.
Fühlen Sie sich identisch mit den gemeinsamen Gewohnheiten in Ihrer derzeitigen Ehe? Und wenn nicht: glauben Sie, daß Ihr ehelicher Partner sich identisch fühlt mit diesen Gewohnheiten, und woraus schließen Sie das?

10.
Wann macht Sie die Ehe eher nervös:
a. im Alltag?
b. auf Reisen?
c. wenn Sie allein sind?
d. in Gesellschaft mit vielen?
e. unter vier Augen?
f. abends?
g. morgens?

11.
Entwickelt sich in der Ehe ein gemeinsamer Geschmack (wie die Möblierung ehelicher Wohnung vermuten läßt) oder findet für Sie beim Kauf einer Lampe, eines Teppichs, einer Vase usw. jeweils eine stille Kapitulation statt?

12.
Wenn Kinder vorhanden sind: fühlen Sie sich den Kindern gegenüber schuldig, wenn es zur Trennung kommt, d.h. glauben Sie, daß Kinder ein Anrecht haben auf unglückliche Eltern? Und wenn ja: bis zu welchem Lebensalter der Kinder?

13.
Was hat Sie zum Eheversprechen bewogen:
a. Bedürfnis nach Sicherheit?
b. ein Kind?
c. die gesellschaftlichen Nachteile eines unehelichen Zustandes, Umständlichkeiten in Hotels, Belästigung durch Klatsch, Taktlosigkeiten, Komplikationen mit Behörden oder Nachbarn usw.?
d. das Brauchtum?
e. Vereinfachung des Haushalts?
f. Rücksicht auf die Familien?
g. die Erfahrung, daß die uneheliche Verbindung gleichermaßen zur Gewöhnung führt, zur Ermattung, zur Alltäglichkeit usw.?
h. Aussicht auf eine Erbschaft?
i. Hoffnung auf Wunder?
k. die Meinung, es handle sich lediglich um eine Formalität?

14.
Hätten Sie der standesamtlichen oder der kirchlichen Formel für das Eheversprechen irgend etwas beizufügen:
a. als Frau?
b. als Mann?
(Bitte um genauen Text)

15.
Falls Sie sich schon mehrere Male verehelicht haben: worin sind Ihre Ehen sich ähnlicher gewesen, in ihrem Anfang oder in ihrem Ende?

16.
Wenn Sie vernehmen, daß ein Partner nach der Trennung nicht aufhört Sie zu beschuldigen: schließen Sie daraus, daß Sie mehr geliebt worden sind, als Sie damals ahnten, oder erleichtert Sie das?

17.
Was pflegen Sie zu sagen, wenn es in Ihrem Freundeskreis wieder zu einer Scheidung kommt, und warum haben Sie's bisher den Beteiligten verschwiegen?

18.
Können Sie zu beiden Seiten eines Ehepaares gleichermaßen offen sein, wenn sie es unter sich nicht sind?

19.
Wenn Ihre derzeitige Ehe als glücklich zu bezeichnen ist: worauf führen Sie das zurück? (Stichworte genügen)

20.
Wenn Sie die Wahl hätten zwischen einer
Ehe, die als glücklich zu bezeichnen ist, und
einer Inspiration, einer Intelligenz, einer
Berufung usw., die das eheliche Glück möglicherweise
gefährdet: was wäre Ihnen wichtiger:
a. als Mann?
b. als Frau?

21.
Warum?

22.
Meinen Sie erraten zu können, wie Ihr derzeitiger
Partner diesen Fragebogen beantwortet?
und wenn nicht:

23.
Möchten Sie seine Antworten wissen?

24.
Möchten Sie umgekehrt, daß der Partner weiß,
wie Sie diesen Fragebogen beantwortet haben?

25.
Halten Sie Geheimnislosigkeit für ein Gebot der
Ehe oder finden Sie, daß gerade das Geheimnis,
das zwei Menschen voreinander haben, sie verbindet?

Franziska Martini

Der Mann als Jäger und Sammler

Es gibt Leute, die sammeln Telefonkarten. Nicht ungewöhnlich. Es gibt aber auch Leute, die sammeln Frauen mit Telefonkarten. Schon ungewöhnlicher. Eine Masche, die verfängt, vorausgesetzt, der Sammler gibt sich nicht als Jäger zu erkennen und behandelt sein Fundstück wie ein Unikat.

»Der ICE Havelland von Berlin zur Weiterfahrt nach München über Stuttgart Ulm Augsburg wird voraussichtlich 30 Minuten später eintreffen. Ich wiederhole: Der ICE Havelland ...«

Die vier Kartentelefone sind umlagert wie die Lottoannahmestelle am Freitagabend um fünf vor sechs, wenn der Jackpot fett ist und die Gier groß. In meiner Schlange stehen noch drei vor mir, den in der Zelle mitgerechnet, in der daneben sind es fünf, dafür scheinen die sich aber kürzer zu fassen. Die Schlangen haben sich gegenseitig fest im Auge. Die Mienen sind grimmig, die Gesichtszüge starr. Was Wunder, hängt doch seit Wochen das Thermometer bei minus zehn bis minus zwanzig Grad. Bei manchen Leuten möchte man meinen, ihnen sei der Hörer am Ohr festgefroren. Sie kommen einfach nicht los. Die einen lehnen sich lässig mit dem Rücken gegen den Apparat und tun so, als gehörten wir alle zur Familie, wieder andere schmiegen sich hinein in die knappen Plastikwände der offenen Zelle, die Lippen fest an den Hörer gepreßt, als hätten sie den BND in Pullach an der Strippe, schieben sich vom Standbein aufs Spielbein und wieder retour, und ich überlege, was dem Typen zwei Männer vor mir wohl gerade die Öhrchen klingen läßt, denn er wirft den Kopf lachend zurück und fährt sich selbstgefällig mit einer Hand durchs Haar.

»Bitte, könnte ich mir Ihre Telefonkarte mal ausleihen?« Die Stimme, die mir warm auf die Schulter klopft, gehört zu einem Mann Mitte dreißig, der mir strahlend in mein verfrorenes Gesicht schaut. »Ich gebe Ihnen dann einfach den Betrag, den ich vertelefoniere, okay?«

»Kein Problem«, erwidere ich noch ganz in Gedanken. Ich krame eine Zwölf-Mark-Karte aus meinem Portemonnaie und reiche sie ihm. »Hier, noch ganz frisch.«

»Von Tchibo, was? Also, ohne Witz, Sie tun mir einen riesigen Gefallen.« Er spricht gerade so, als wäre er bei der Schutzpatronin der Telekom gelandet.

»Kein Problem, ich hab's nicht eilig.« Das stimmt zwar nicht ganz, aber sein Charme macht mich nachgiebig. Und Kälte und Notzeiten sind ja wie geschaffen dafür, daß die Menschen enger zusammenrücken.

Inzwischen ist Bewegung in unsere Schlange gekommen. Ich bin an der Reihe. Großzügig lasse ich Strahlemann den Vortritt und halte diskret Abstand. Nach zwei Minuten steht er wieder vor mir.

»Sechsunddreißig Pfennig«, sagt er und gibt mir meine Karte zurück.

»Schenke ich Ihnen«, erwidere ich, nicke ihm zu und betrete die Zelle.

Aus den Augenwinkeln heraus beobachte ich Strahlemann. Er wartet.

»Hätten Sie Zeit auf einen Kaffee?« empfängt er mich, nachdem ich fertig bin.

So hatte ich das mit dem nicht eilig haben nun doch nicht gemeint.

»Tut mir leid, ich warte auf ein paar Freunde, die mit dem verspäteten ICE kommen.«

»Hätten Sie vielleicht irgendwann Zeit auf einen Kaffee?«

Ich zögere. Strahlemann setzt nach. »Dann bräuchte ich aber Ihre Telefonnummer.«

Seine Hartnäckigkeit amüsiert mich. Ich mag hartnäckige Männer. Aber ich habe schon einen. Und ich kann ein Lied davon singen, was für ein Elend man sich auf den Hals holt, wenn man beim Flirten nicht rechtzeitig die Kurve kriegt.

»Ich glaube, das ist keine so gute Idee«, gebe ich lachend zurück.

»Wirklich nicht?«

»Nein, wirklich nicht.«

»Sie sind wohl verheiratet«, interpretiert Strahlemann meine Zurückhaltung treffend.

Ganz so, als wollte er mir sagen, tja Baby, weißt du eigentlich, was dir gerade entgeht, legt er einen Schuß Verwegenheit in sein Lächeln. »Schade. Die besten Frauen sind immer verheiratet.«

Hoffentlich ist meinem Mann das auch klar, überlege ich, als ich beschwingt den Bahnsteig betrete. Der Zug hat weitere 20 Minuten Verspätung. Ich trage die Hiobsbotschaft mit der Würde einer Frau, die weiß, was sie ihrem Ruf schuldig ist. Beste Frauen sind souverän. Beste Frauen bewahren Contenance. So wie ich jetzt. Ich schwebe durch die Bahnhofsbuchhandlung. An der Ecke zu den Telefonapparaten steht ein Tisch mit Photobänden. Instinktiv greift meine Hand den über Supermodels heraus. Ich fühle mich diesen Top-Frauen plötzlich so nah, so verwandt.

»Bitte, könnte ich mir Ihre Telefonkarte mal ausleihen?«

Ich fahre herum. In der Schlange vor den Telefonzellen strahlt mein Strahlemann neben einer kühlen Blonden.

Ich knalle das Modelbuch auf den Tisch. So einen Scheißjob möchte ich nicht mal geschenkt haben. Und überhaupt, was soll die ganze Warterei? Kann die Bahn nicht dafür sorgen, daß die Weichen rechtzeitig aufgetaut werden? Dann bräuchte ich nicht hier herumstehen und mich dumm anreden lassen.

Giacomo Casanova

Helene und Hedwig

Während meiner langen Laufbahn als Libertin hat mich mein unüberwindlicher Hang zum schönen Geschlecht alle Mittel der Verführung anwenden lassen, und ich habe einigen hundert Frauen, deren Reize mein Interesse geweckt hatten, den Kopf verdreht; aber den besten Erfolg hatte ich stets, wenn ich Novizinnen, deren moralische Prinzipien und Vorurteile der Eroberung im Wege standen, vorsorglich nur in Gesellschaft einer zweiten Frau angriff.

Ich wußte schon früh, daß ein junges Mädchen sich einfach aus Mangel an Mut schwer verführen läßt, während es sich in Gegenwart einer Freundin verhältnismäßig leichter ergibt; die Schwächen der einen führen zum Fall der andern. Freilich bedarf es einer doppelten Anstrengung, aber man wird für seine Mühe reichlich entschädigt. Väter und Mütter sind oft anderer Meinung, aber zu Unrecht. Sie weigern sich meist, ihre Tochter für einen Ball oder einen Spaziergang einem jungen Mann anzuvertrauen, erlauben es aber, wenn das junge Ding von einer Freundin begleitet ist. Ich wiederhole ihnen, sie haben unrecht, denn wenn der junge Mann sich danach zu richten weiß, ist ihre Tochter verloren. Eine falsche Scham hindert die eine wie die andere, der Verführung energischen Widerstand entgegenzusetzen; ist dann der erste Schritt einmal getan, ist der Fall unausbleiblich und rasch. Wenn die Freundin sich, um nicht erröten zu müssen, eine ganze unbedeutende Gunst rauben läßt, wird sie die erste sein, die andere zu einer größeren anzuspornen; und wenn der Verführer geschickt ist, hat sich die Unschuldige ahnungslos bereits zu weit vorgewagt, um noch zurückweichen zu können. Außerdem, je unschuldiger eine junge Person ist, um so weniger weiß sie von den Wegen und dem Ziel der Verführung. In ihrer Unkenntnis verfällt sie dem Reiz des Vergnügens; Neugier mischt sich ein, und die Gelegenheit tut ein Übriges.

Zum Beispiel wäre es mir vielleicht ohne Helene nicht gelungen, die gelehrte Hedwig zu verführen; aber ganz bestimmt wäre ich niemals bei Helene ans Ziel gelangt, wenn sie nicht gesehen hätte, wie ihre Cousine mir Zugeständnisse machte und sich mit mir Freiheiten herausnahm, die sie beide ohne Zweifel als unvereinbar mit der Scham und Aufführung eines gut erzogenen Mädchens betrachteten.

Obwohl ich meine Liebesabenteuer nicht bereue, möchte ich keineswegs, daß mein Beispiel dazu führt, das schöne Geschlecht zu verderben, das in so vieler Hinsicht unsere Huldigung verdient; ich wünsche vielmehr, daß meine Betrachtungen die Vorsicht der Väter und Mütter steigern möge, und ich wenigstens dadurch ihre Achtung verdiene.

Birgit Vanderbeke

Alberta empfängt einen Liebhaber

Der Anrufbeantworter hatte vier Anrufe aufgezeichnet. Der dritte war es.

– Ich bin's. Ich rufe nachher wieder an.

Mir wurde schwach, ich stellte die Einkaufstüten auf den Küchentisch und hörte mir den Satz nochmal an. Dann nochmal. Und dann bekam ich Angst.

Der Satz klang so, daß es mir vernünftig schien, Angst zu bekommen. Er klang wie eine Drohung. Und er stand plötzlich mitten in meinem Leben. Ich hatte ihn nicht eingeladen. Diesmal nicht. Die Kommunikationstechnologie ist eine verfluchte Sache, dachte ich. So neu ist der Gedanke nicht, aber manche Gedanken brauchen ihre Zeit, oft Jahre, bis sie physisch werden. Dieser wurde durch den Satz: Ich bin's, ich rufe nachher wieder an, zum Anfassen physisch.

Die Angst war in Ordnung. Jetzt aber bloß nicht panisch werden, dachte ich, packte die Tüten aus und räumte die Milch und die Lammnieren in den Kühlschrank. Mit dem Zeitunglesen fing ich erst gar nicht an, es wäre jetzt nichts daraus geworden. Ich schrieb mechanisch zwei Briefe und faxte sie weg. Während sie durch den Faxapparat liefen, hatte ich sie schon vergessen.

Nach einer Weile fing ich an, mich zu fragen, wann »nachher« sein würde und ob vielleicht »nachher« jetzt ungefähr anfinge, es war später Vormittag und also vielleicht schon »nachher«, aber wahrscheinlich doch noch zu früh. Es ist erschreckend, wie kindisch manche Berechnungen sein können, die ein erwachsener Mensch anzustellen imstande ist. Ich erinnere mich, daß ich nach einigen ziemlich verwinkelten Überlegungen beschloß, »nachher« könne kaum vor drei Uhr anfangen. Das war selbstverständlich ohne Bedeutung, aber es könnte schließlich sein, daß es mich beruhigen würde.

Als ich damit fertig war, beruhigte es mich überhaupt nicht.

Die Aussicht, daß mir bis gegen drei Uhr Stacheln wachsen würden, war gering.

Ich habe die komische Angewohnheit, manchmal zum Spiegel zu laufen, nicht aus Eitelkeit, sondern eher um nachzusehen, ob mein Gesicht noch da ist. Ich vergewisserte mich mehrmals, und jedesmal war es noch da. Nebenbei stellte ich fest, daß es das Doppelte der Altersgrenze sichtbar überschritten hatte. Normalerweise macht mir das nicht sehr viel aus, und ich ärgerte mich über mich selbst, daß es mir heute etwas ausmachte.

– Ma vieille, sagte ich zu meinem Spiegelbild. Dann sagte ich einen Termin ab, der in den vermuteten »Nachher«-Zeitraum fiel, und wußte natürlich, daß es ein schwerer Fehler war; nicht daß der Termin sehr wichtig gewesen wäre, aber man darf unter keinen Umständen wegen einer Stimme auf dem Anrufbeantworter, die sagt: Ich rufe nachher wieder an, gleich Termine absagen.

Ich wusch mir die Haare. Das Telefon nahm ich mit ins Bad.

In der Badewanne schien mir einen kleinen Moment lang, daß wir der Sache inzwischen womöglich gewachsen sein könnten, und darüber mußte ich lachen, weil ich wußte, daß es unmöglich war.

Vielleicht kann man der Sache gar nicht gewachsen sein, dachte ich, aber nun war ich nicht mehr jung und merkte, es ist sehr viel schwieriger, ihr nicht gewachsen zu sein, wenn man nicht mehr jung ist und sie aufgehört hat, ein Spiel zu sein, weil sie schon über zwanzig Jahre Zeit hatte, sich mit Leben vollzuschlagen. Die Sache war auch kein Spiel gewesen, als ich jung war, aber damals wußte ich das noch nicht, und jetzt wußte ich, daß sie ernst wurde.

Ich versuchte, noch etwas an die Arbeit zu gehen, bevor es »nachher« wäre, aber der Text sprach nicht mit mir. Es war eine technische Übersetzung, und ich verstand nicht, was eine nichtreziproke Reflexion in der Voigt-Geometrie bedeutet.

Als es um drei Uhr immer noch nicht »nachher« war, merkte ich, daß der Tag mir entglitten war, weggerutscht. Mein Kopf fühlte sich fiebrig an. Gegessen hatte ich natürlich nichts.

Es ist im Grunde ganz erstaunlich, dachte ich, wie schlecht die Menschen für eine so ernste Sache ausgestattet werden, die doch jedem irgendwann einmal passiert oder beinahe jedem, und manchen sogar öfter. Es gibt Lehrgänge und Kurse für und gegen jeden Quatsch auf der Welt, ich kann Paläographie, Crêpes Suzette und Buchhaltung lernen, Fahrstunden nehmen und mir alle mögliche Software vorwärts und rückwärts beibringen, ich kann Halogenschweißgeräte bedienen und flexen und faxen, Rosen pflanzen, nur mit der Liebe kenne ich mich nicht aus. Mit der Liebe kennt sich in Wirklichkeit keiner aus, obwohl es jeder behauptet und mindestens drei oder vier Theorien dazu hersagen kann. Aber wenn es ernst wird, merkt man sofort, daß die Theorien nichts taugen, weil ausgerechnet der eigene Fall nicht darin vorkommt, sondern immer nur schlichte Modelle, und die eigenen Fälle sind nicht schlicht, sondern einmalig und kompliziert; einmalig besonders auch in ihrer Unergründlichkeit, Undurchsichtigkeit, ihrer einmaligen Unverständlichkeit, Unübersetzbarkeit und der besonderen Grausamkeit, mit der sich diese einmalige Sache unausweichlich erst ernst und bedrohlich entwickelt, um einen dann mit galoppierender Geschwindigkeit aus der Kurve und in die gräßlichsten Gruben und Abgründe zu tragen. Es müßte, dachte ich, Selbstverteidigungskurse dagegen geben.

Man müßte zuerst einmal lernen können, nicht aufs Telefonklingeln zu warten.

Irgendwann merkte ich, daß ich soeben gerade dabei war, mit der dritten Gießkanne Wasser die Zimmerlinde zu ertränken.

Die Katze wurde wach, und ich sagte: *C'est moi, j'appellerai plus tard.*

Französisch klang der Satz weniger bedrohlich, und als ich ihn noch einmal sagte, mit gesenkter Stimme und ohne das »Ich« vorne, merkte ich kaum mehr, daß in dem Satz kein »Du« vorkam, es war beinahe ein zärtlicher Satz geworden. Ich strich der Katze über den Kopf, und sie fing an zu schnurren, aber das hätte sie auch ohne den Satz gemacht.

Dann klingelte das Telefon. Ich kriegte die Sorte Schreck, die man nur kriegt, wenn ein Anruf kommt, den man seit Stunden erwartet hat, einen Schreck, der in den Knien sitzt. Ich zögerte, um Luft zu holen, dann ging ich ran. Meine Stimme wackelte bedenklich. Eine Frauenstimme von irgendeiner Firma fragte auf der anderen Seite einfühlsam, ob ich eine elektrische Alarmanlage habe. Ich sagte: Nein, ich habe keine elektrische Alarmanlage, und die Frau erklärte mir dann alles über elektrische Alarmanlagen. Es klang zunächst mitleidig, dann kam sie in ihren Vortrag rein, und schließlich leierte sie ihn runter, als liefe ein Band. Zuletzt sagte sie vorwurfsvoll, daß es etwas ist, was ein Mensch heutzutage wegen der Diebstahls-Statistik braucht, und ich sagte: Vielen Dank.

Gerade als ich beschloß, daß »nachher« nicht mehr heute wäre, und an den Computer und die technische Übersetzung ging, kam der Anruf.

Wir hatten uns einige Jahre nicht gesehen. Man könnte meinen, daß das die Sache leichter machte. Das wäre aber ein Irrtum. Vielleicht nicht so ein verhängnisvoller Irrtum, denke ich, wie die Meinung, die Sache würde leichter, bloß weil man jeden Morgen miteinander am Frühstückstisch sitzt und einer das Zahnputzgurgeln des anderen seit Jahren kennt.

Er sagte: Mir war kürzlich, als hätte ich dich aus dem Kino da und da kommen sehen. Ich war auf dem Heimweg vom Training.

Ich hätte sehr gern gesagt: Mir ist, als wäre das eine recht kühne Eröffnung nach immerhin etlichen Jahren.

Ich sagte: Gut möglich.

Ich war in letzter Zeit nicht im Kino gewesen, aber vielleicht war ich zufällig an einem Kino vorbeigegangen, als ein Film gerade aus war, vielleicht war auch gar nicht ich es gewesen, die aus dem Kino gekommen war oder die am Kino vorbeigegangen war. Schließlich: Die Wirklichkeit ist dünn, wenn es darum geht, was einer gesehen hat. Manche sitzen auf umgefallenen Fichten im Wald und sehen einen Milchmond, während neben ihnen einer sitzt, der sieht keinen Milchmond. In ein und derselben dünnen Wirklichkeit kann ein Milchmond drin sein oder keiner. Immerhin hätte es ja sein können. Ich fragte nicht nach dem Training, weil ich dachte, ich werde mir all das nicht auch noch von vornherein schwieriger machen, als es ohnedies sein wird. Training klang nach Kraftsporttraining, und ich ziehe es vor, Männer, die Kraftsport treiben, nur von sehr fern zu kennen. Diesen Mann kannte ich von sehr nah.

– Wir haben dann nichts mehr voneinander gehört, sagte er, und ich sagte: Nein.

Hierüber immerhin herrschte die schönste Einigkeit, die aber soeben zu bröckeln begann, denn jetzt hörten wir ja voneinander.

Sobald ein Mann und eine Frau voneinander hören, steuern sie auf die Frage zu, ob in der Wirklichkeit ein Milchmond oder kein Milchmond drin war, und die Einigkeit ist erst einmal auf der Stelle gefährdet und später dann ziemlich bald hin, weil ein Mann und eine Frau, sobald sie auch nur irgend etwas, und sei es das Belangloseste auf der Welt, zusammen machen, absolut etwas Verschiedenes sehen und hören und erleben und sich später nie mehr darauf einigen können, was sie gesehen und gehört und erlebt haben, und genau darüber aber müssen sie aus irgendeinem dunklen Grund fortan versuchen, eine Einigung zu erlangen, und während sie versuchen, sich darüber zu einigen, sehen und hören und erleben sie die ganze Zeit über wieder die grundverschiedensten Dinge, über die wieder Einigung erzielt werden muß und so weiter; irgendwann geraten sie furchtbar in Streit und Verzweiflung, und es kommt zu den gräßlichsten Kriegshandlungen, weil jeder überzeugt ist, daß er das richtige Wirkliche erlebt hat, und der andere muß sich irren. Wenn er doch nur zugeben wollte, daß er sich irrt. Begreiflicherweise sind davor ganz besonders solche Leute nicht geschützt, die Unwirklichkeits-Spezialisten sind und es daher eigentlich von Berufs wegen besser wissen sollten, aber je komplizierter die Mond- und Stern- und Denk- und Sprach-Unwirklichkeiten und das dazugehörige Spezialistentum sind, um so härter trifft es ausgerechnet Astrophysiker, Philosophen, Wörterkenner, daß sie die einfachsten Dinge so absolut verschieden sehen und hören und erleben, und je unwichtiger ein strittiges Detail ist, um so erbitterter können sie streiten.

Ich erinnere mich an einen solchen Streit um ein Kleid. Es war ein gelbgestreiftes Kleid gewesen. Es war gelbgestreift, nicht lila. Der Streit fand am Telefon statt. Es war ein Ferngespräch, und wie immer bei solchen Streitereien konnte sich hinterher keiner mehr erinnern, wie es angefangen hatte, und ich konnte sehr gut ertragen, daß es ein unmögliches Kleid gewesen sein sollte, weil Geschmack nicht zur Wirklichkeit zählt, auch wenn es sich um mein Lieblingskleid handelt. Aber nun war es eben gelbgestreift gewesen, und ich wußte es, und er hatte es falsch in Erinnerung, und wenn es um die Wahrheit geht, kann man nicht nachgeben, man kann nicht und darf nicht, und so dachte ich irgendwann, ich verliere jetzt gleich den Verstand. Als später die Telefonrechnung kam, dachte ich es noch einmal.

Es war ein gelbgestreiftes Kleid. Oh doch.

Ich merkte, wie ich nervös wurde, und sagte: Wie ist es dir ergangen?, weil ich dachte, das ist eine harmlose Frage. Er kann erzählen, wie es ihm ergangen ist, und weder ich noch mein Kleid noch sonst ein strittiges Detail kommen darin vor, also ist es allein seine Geschichte, die er so erzählen kann, wie er will, mit oder ohne falsche Details, und alles, was darin vorkommt, ohne daß er es erzählen möchte, läßt er einfach weg.

Aber er sagte: Was für eine Frage.

Darauf hatte es keinen Sinn zu antworten und keinen Sinn, nicht zu antworten.

Ich hätte sagen mögen: Warum, bitte sehr, rufst du an? Aber auch das war so eine Frage. Viele Leute nehmen, wenn sie sich langweilen oder das Fernsehprogramm gerade schlecht ist, ihr Adreßbuch in die Hand und telefonieren sich von vorne nach hinten durch, und im Grunde muß man zugeben, daß es sogar recht praktisch ist, weil man nur den Fernseher leiser stellen muß; man sitzt bequem, und wenn der Film wieder besser wird oder ein neuer, besserer anfängt, hört man mit dem Telefonieren auf und kann wieder rein ins Programm, ohne sich vorher die Haare zu waschen, vor allem ohne sich überlegen zu müssen, ob es hier Kakerlaken gibt, ohne Rösselspringen, ohne in den Stau zu geraten, sogar ohne den Benzingestank in der Tiefgarage riechen zu müssen, bevor man ins Auto steigt. Im Bademantel oder Trainingsanzug. Ohne sich darüber Gedanken machen zu müssen, was man anziehen soll. Ohne sich fragen zu müssen, ob man hier je wieder rauskommt.

Am Telefon entstand eine längere Pause. Ich überlegte, ob der Film vielleicht gerade wieder anfing, besser zu werden, oder was ich sagen könnte.

– Übrigens, störe ich? sagte er nach einer Weile.

Ich sagte: Nein, du störst übrigens nicht, aber sag immerhin, was es gibt. Aber entweder gab es nichts, oder er mochte am Telefon nicht darüber sprechen, jedenfalls sagte er: Ich glaube, wir sollten uns sehen.

Immerhin klang es jetzt nicht wie eine Drohung, sondern eine Spur unsicher.

Draußen fing es an zu schneien, ich konnte es vom Telefon aus sehen, und es war beruhigend.

Nach der kühnen Eröffnung eben war das vielleicht tatsächlich nicht der allertapferste Satz, den ein Mann zu einer Frau sagen kann, die er sehen möchte, aber ich protestierte nicht.

Ich sagte: Na dann.

Ich sagte es, als wären mir inzwischen Stacheln gewachsen. Aber ich tat nur so.

Lisa Fitz

Liebhaber-Typologie

Männer sind nicht alle gleich –
der ist hart, und der ist weich,
der ist grob, und der ist zart,
der ist glatt, der ist behaart,
der wird rot, und der wird bleich –
Männer sind nicht alle gleich!

Darum hat das deutsche Institut für männliche Verhaltensforschung jetzt eine Typologie des deutschen Liebhabers herausgebracht.
Typologie, das heißt – wie die Typen halt so sind.

TYP 1: DER STÜRMISCHE
Er macht ein Gesicht, als ob ihm nichts paßt,
er trägt an der Liebe wie an einer Last!
Er macht nicht viel Worte, die fallen ihm schwer,
und stumm wie ein Fisch fällt er über dich her.
Schwitzt immer a bißl und schuftet voll Grimm –
und hinterher fragt er: »War's schlimm?«

TYP 2: DER ZÄRTLICHE
Er spielt auf dir rum wie auf einem Klavier.
Er flüstert und streichelt bis früh um halb vier.
Er ist *immer* zärtlich, wird niemals gemein.
Er sagt: »Das Brutale, das muß ja nicht sein ...!«
Dann ißt er noch was, dann trinkt er, dann raucht er ...
sonst nix – aber Zärtlichsein, sagt er,
das braucht er!

TYP 3: DER UNSICHERE

Er weiß nie, ob das, was er grad mit dir macht,
auch richtig ist. Ist er zu heftig, zu sacht?
Er zweifelt, will wissen, wann dies – oder das,
oder so – oder nicht – oder wie oder was?
Er macht stets, was du willst,
aber nie, was *er* möcht –
und hinterher fragt er: – »War's recht?«

TYP 4: DER UNWIDERSTEHLICHE

Mit Haar auf der Brust,
und geschmückt wie ein Gockel,
so steht er vor dir
und zieht dich rauf auf sein' Sockel!
Er kriegt schließlich jede – und kriegt er dich nicht,
verzieht er nicht mal sein markantes Gesicht.
Nur hinterher sagt er, gelassen und müd:
»Ach jaa, die kenn ich … frigid, frigid!«

TYP 5: DER INTELLEKTUELLE

Er runzelt die Stirn und putzt sich die Brille –
ist das, was er vorhat, nun Wunsch –
oder Wille …?
Er wiegt es – und wägt es – und meint,
wenn du fragst,
warum nix passiert – was denn du dazu sagst?
Entblättert dich logisch – und Ratio umkreist dich,
und hinterher sagt er, er hätte es geistig …!

TYP 6: DER HANDGREIFLICHE

(vorwiegend in Bayern)
Er sprüht vor Humor,
und du darfst ihm nicht grollen,

geht er dir mit kräftiger Hand in die Vollen!
Er findet schon Stellen zum frohen Beklatschen,
ist aber vom Grapschen und von dem Betatschen
bald völlig erledigt!
Er merkt's und dann läßt er's –
und hinterher sagt er –
er braucht halt was Festers …!

Henri Michaux

Fingerzeig für junge Ehen

Sobald man vergißt, was die Menschen sind, läßt man sich so weit gehen, ihnen wohlzuwollen. Aus diesem Grund gilt es zweifellos für ratsam, sich von Zeit zu Zeit zurückzuziehen, sich der inneren Sammlung zu widmen.

Wer keine Frauen hat, denkt nur daran, sie zu liebkosen. Wer mit Frau lebt, der liebkost sie, aber denkt nur daran, sie zu schlagen. Also gut, soll er sie schlagen … Hauptsache, sie merkt nichts davon.

Wirksamer allerdings wäre, sie zu töten. Hinterher geht alles besser. Du wirst dich deiner selbst sicherer fühlen, so als hättest du gerade eine gute Pfeife geraucht, eine wirklich gute Pfeife. Sie übrigens auch, sie wird deinen Wert mehr zu schätzen wissen, sie findet dich weniger zerstreut, lebendiger, liebenswerter, denn das wirst du sein, *unfehlbar*. Aber vielleicht wirst du sie von Zeit zu Zeit nochmals töten müssen. Der Frieden in der Ehe ist nur um diesen Preis zu haben.

Jetzt weißt du es. Jetzt kannst du nicht mehr zurück …

Außerdem tötet sie selbst dich vielleicht schon seit dem ersten Tage, den ihr zusammen verlebt habt. Für eine ein bißchen empfindliche, ein bißchen nervöse Frau ist dies fast ein Bedürfnis.

Sei Shonagon

Eine Anweisung für Kavaliere

Ein Kavalier, der beim ersten Anbruch der Morgendämmerung seine Geliebte verläßt und dabei im Halbdunkel umhertappt, nach Fächer und Notizbuch sucht und vor sich hinmurmelt: »Wie merkwürdig! Wo habe ich das Zeug nur hingelegt?« – solch ein Mann ist wirklich ein armseliger Tropf.

Schließlich findet er die vermißten Dinge, umständlich verbirgt er das Notizbuch in seinem Gewand, und bevor er sich verabschiedet, öffnet er geräuschvoll seinen Fächer, um sich Kühlung zu verschaffen. Überflüssig, zu sagen, daß ein solches Verhalten verabscheuungswürdig ist. Es ermangelt jeder Anmut und Würde.

Nicht anders ist es mit dem Kavalier, der seine Geliebte in stockdunkler Nacht verläßt und vor seinem Aufbruch die Bänder seines Hutes erst sorgfältig binden muß.

Wer würde es ihm zu so später Stunde verargen, wenn er den Hut einfach aufsetzen und die Bänder lose herunterhängen lassen würde? Selbst wenn sein Gewand etwas in Unordnung geraten wäre, würde ihn niemand um diese Zeit deswegen tadeln.

Gerade beim Abschied stellt es sich heraus, was der Mann für ein Mensch ist. Er seufzt und ist traurig, daß er schon aufbrechen muß. Nur widerwillig erhebt er sich, wenn sie beschwörend zu ihm sagt: »Oh, der Tag bricht schon an, jetzt mußt du aber gehen!« Noch einmal kommt er ihr ganz nah und flüstert ihr Zärtlichkeiten ins Ohr, die er ihr während der

Nacht nicht oft genug gesagt hat. Unauffällig kleidet er sich dann an, öffnet behutsam die Fenster, und wenn er sich schließlich zum Aufbruch entschließt, gehen sie gemeinsam bis zum Gartentor. »Wie endlos wird dieser Tag ohne dich sein!« gesteht er ihr klagend beim Abschied. Wenn er sich so verhält, muß sie ihm noch lange mit ihren Blicken folgen, indem ihr Herz mit Seligkeit und Trauer erfüllt wird.

Wie verabscheuungswürdig ist dagegen ein Liebhaber, der sich mit einem Sprung vom gemeinsamen Lager erhebt, aufgeregt im Zimmer hin und her läuft, um seine Siebensachen zusammenzusuchen, und, wenn er sich schließlich umständlich angekleidet hat, mit ganzer Kraft seine Jackenbänder festbindet.

Wenn er dann beim Hinausgehen noch nicht einmal das Gartentor hinter sich schließen sollte, so wird sie ihn eines Tages nur noch hassen.

Oskar Pastior

Schiwwer

wenn ich einmal groß bin
werd ich mich heiraten und
dann wird nichts mehr weh tun

weil ich aber klein bin und
noch ein wenig kniefrei sein will
hab ich mich gleich nicht mehr gern

ich will aber bestimmt mich
gleich heiraten wenn ich groß
gewesen bin und lieb gehabt hab

und mich bestimmt nicht fürchten
auch wenn ich kniefrei bin
und es nur ein wenig weh tut

denn dann bin ich ja bald so groß
und fast ganz ohne knie und
geh auch nur ein wenig heiraten

Elfriede Jelinek

Anfang

eines tages beschloß brigitte, daß sie nur mehr frau sein wollte, ganz frau für einen typ, der heinz heißt.

sie glaubt, daß von nun an ihre schwächen liebenswert und ihre stärken sehr verborgen sein würden.

heinz findet aber nichts liebenswertes an brigitte, auch ihre schwächen findet er nur ekelhaft.

brigitte pflegt sich jetzt auch für heinz, denn wenn man eine frau ist, dann kann man von diesem weg nicht mehr zurück, dann muß man sich auch pflegen. brigitte möchte, daß die zukunft es ihr einmal durch ein jüngeraussehen danken wird. vielleicht hat brigitte aber gar keine zukunft. die zukunft hängt ganz von heinz ab.

wenn man jung ist, dann sieht man immer jung aus, wenn man älter ist, dann ist es sowieso zu spät. wenn man dann nicht jünger aussieht, dann heißt das erbarmungslose urteil für die umwelt: kosmetisch in der jugend nicht vorgesorgt!

also hat brigitte etwas getan, das in der zukunft wichtig sein wird.

wenn man keine gegenwart hat, muß man für die zukunft vorsorgen.

brigitte näht büstenhalter. wenn man eine kurze naht macht, muß man viele davon machen, vierzig sind jedenfalls das absolute minimum in der akkordvorgabe. wenn man eine kompliziertere längere naht macht, muß man entsprechend weniger machen. das ist sehr human und gerecht.

brigitte könnte viele arbeiter bekommen, sie will aber den einzigen heinz bekommen, der ein geschäftsmann werden wird.

das material ist nylonspitze mit einer dünnen portion schaumgummi unterlegt. ihre fabrik hat viele marktanteile, die im ausland sind, und viele näherinnen, die aus dem ausland kommen. viele näherinnen scheiden aus durch heirat, kindesgeburt oder tod.

brigitte hofft, daß sie einmal durch heirat und kindesgeburt ausscheiden wird. brigitte hofft, daß heinz sie hier herausholen wird.

alles andre wäre ihr tod, auch wenn sie am leben bleibt.

vorläufig hat b. noch nichts als ihren namen, im lauf der geschichte wird brigitte den namen von heinz bekommen, das ist wichtiger als geld und besitz, das kann geld und besitz herbeischaffen.

das richtige leben, das sich äußern darf, wenn es gefragt wird, das richtige leben ist das leben nach der arbeit. für brigitte ist leben und arbeit wie tag und nacht. hier wird also mehr von der freizeit die rede sein.

heinz heißt in diesem speziellen fall das leben. das richtige leben heißt nicht nur heinz, es ist es auch.

außer heinz gibt es nichts. etwas, das besser ist als heinz, ist für brigitte absolut unerreichbar, etwas, das schlechter ist als heinz, will brigitte nicht haben. brigitte wehrt sich verzweifelt mit händen und füßen gegen den abstieg, der abstieg, das ist der verlust von heinz.

brigitte weiß aber auch, daß es keinen aufstieg für sie gibt, es gibt nur heinz oder etwas schlechteres als heinz oder büstenhalternähen bis ans lebensende. büstenhalternähen ohne heinz bedeutet jetzt schon lebensende.

es ist absolut dem zufall überlassen, ob brigitte lebt, mit heinz, oder dem leben entkommt und verkommt.

es gibt keine gesetzmäßigkeiten dafür. das schicksal entscheidet über das schicksal von brigitte. nicht was sie macht und ist, zählt, sondern heinz und was er macht und ist, das zählt.

brigitte und heinz haben keine geschichte. brigitte und heinz haben nur eine arbeit. heinz soll die geschichte von brigitte werden, er soll ihr ein eigenes leben machen, dann soll er ihr ein kind machen, dessen zukunft wiederum von heinz und seinem beruf geprägt sein wird.

die geschichte von b. und h. ist nicht etwas, das wird, sie ist etwas, das plötzlich da ist (blitz) und liebe heißt.

die liebe kommt von der seite von brigitte. sie muß heinz davon überzeugen, daß die liebe auch von seiner seite her kommt. er muß erkennen lernen, daß es für ihn ebenfalls keine zukunft ohne brigitte geben kann.

es gibt natürlich für heinz schon eine zukunft, und zwar als elektroinstallateur. das kann er haben, auch ohne brigitte. elektrische leitungen kann man legen, ohne daß b. überhaupt vorhanden ist. ja sogar leben! und bowling oder kegeln gehen kann man ohne brigitte.

brigitte hat jedoch eine aufgabe.

sie muß heinz ständig klar machen, daß es ohne sie keine zukunft für ihn gibt, das ist eine schwere anstrengung. außerdem muß nachdrücklich verhindert werden, daß heinz vielleicht seine zukunft in jemand andrem sehen könnte. davon später.

das ist eine anstrengende, aber erfolgversprechende situation.

heinz will und wird einmal ein eigener kleiner unternehmer mit einem eigenen kleinen unternehmerbetrieb sein, bzw. werden. heinz wird einmal anschaffen, brigitte bekommt angeschafft. brigitte läßt sich lieber von ihrem eigenen mann in seinem eigenen geschäft, das auch ein wenig ihr eigenes geschäft sein wird, anschaffen.

wenn heinz nur nicht eines tages eine höhere schülerin wie zum beispiel susi kennenlernen wird! wenn heinz nur nicht, um gotteswillen, eines tages glaubt, daß jemand, der besser ist als es brigitte je sein wird, daß so jemand auch für ihn selbst besser ist.

wenn heinz das bessere findet, soll er es wieder auslassen. am besten, er lernt es gar nicht erst kennen, das ist auch sicherer.

wenn brigitte an ihrer nähmaschine sitzt und stretchsticht, schaumgummi und steife spitze unter den fingern fühlt, den modefarbenen neuen hexlein-bh, dann hat sie alpträume wegen jemand, den es noch gar nicht gibt, der aber heinz trotzdem in gestalt von etwas besseren über den weg laufen könnte.

nicht einmal bei der arbeit hat brigitte ihre ruhe.

sogar bei der arbeit muß sie arbeiten.

sie soll bei der arbeit nicht denken, etwas in ihr denkt jedoch ununterbrochen.

brigitte kann aus ihrem eigenen leben nichts besseres machen. das bessere soll vom leben von heinz herkommen. heinz kann brigitte von ihrer nähmaschine befreien, das kann brigitte von selbst nicht.

aber sie hat keine sicherheit dafür, weil das glück ein zufall und nicht ein gesetz oder die logische folge von handlungen ist.

brigitte will ihre zukunft gemacht bekommen. sie kann sie nicht selber herstellen.

die geschichte, wie die beiden einander kennengelernt haben, ist unwichtig. die beiden selber sind unwichtig. sie sind geradezu symptomatisch für alles, was unwichtig ist.

oft begegnen einander auch studenten und studentinnen, was beinahe identisch ist, bis auf das geschlecht. oft kann man über solche begegnungen aufregende geschichten erzählen.

solche leute haben manchmal sogar eine lange vorgeschichte.

obwohl brigittes vorgeschichte denkbar ungünstig für eine künftige vermögensbildung ist, hat sie dennoch heinz kennengelernt, in dessen händen sich einmal vermögen bilden wird.

brigitte ist die uneheliche tochter einer mutter, die dasselbe näht wie brigitte, nämlich büstenhalter und mieder.

heinz ist der eheliche sohn eines fernfahrers und seiner frau, die zuhausebleiben durfte.

trotz dieses klaffenden unterschiedes haben einander b. und h. kennengelernt.

in diesem speziellen fall bedeutet ein kennenlernen ein entkommenwollen, bzw. ein nichtauskommenlassen und festhalten.

heinz hat etwas gelernt, das ihm einmal die ganze welt öffnen wird, nämlich elektroinstallateur.

brigitte hat niemals irgend etwas gelernt.

heinz ist etwas, brigitte ist nichts, was nicht andre ohne mühe genauso sein könnten. heinz ist unverwechselbar, und man hat heinz auch oftmals nötig, z.b. bei einem leitungsschaden oder wenn man etwas liebe braucht.

brigitte ist austauschbar und unnötig. heinz hat eine zukunft, brigitte hat nicht einmal eine gegenwart.

heinz ist alles für brigitte, die arbeit ist nichts als eine lästige qual für brigitte. ein mensch, der einen liebt, ist alles. ein mensch, der einen liebt und noch dazu jemand ist, das ist das optimum, das brigitte erreichen kann. die arbeit ist nichts, weil brigitte sie schon hat, die liebe ist mehr, weil man sie erst suchen muß.

brigitte hat bereits gefunden: heinz.

heinz fragt sich oft, was brigitte denn vorzuzeigen hat.

heinz spielt oft mit dem gedanken, jemand andren zu nehmen, der etwas zu bieten hat, wie etwa bargeld oder die räumlichkeiten für ein geeignetes geschäftslokal.

brigitte hat einen körper zu bieten.

außer brigittes körper werden zur gleichen zeit noch viele

andre körper auf den markt geworfen. das einzige, was brigitte auf diesem weg positiv zur seite steht, ist die kosmetische industrie. und die textilindustrie.

brigitte hat brüste, schenkel, beine, hüften und eine möse.

das haben andre auch, manchmal sogar von besserer qualität.

brigitte hat eine jugend, die sie auch mit andren teilen muß, etwa mit der fabrik und dem lärm darin und dem überfüllten bus. die fressen an brigittes jugend.

brigitte wird immer älter und immer weniger frau, die konkurrenz wird immer jünger und immer mehr frau.

brigitte sagt zu heinz ich brauche doch einen menschen, der zu mir hält, der für mich da ist, dafür halte ich auch zu ihm und bin immer für ihn da.

heinz sagt, daß er darauf scheißt.

es ist schade, daß brigitte heinz so sehr haßt.

heute zum beispiel kniet brigitte vor der klomuschel im schrebergartenhaus von heinz und dessen eltern auf dem kalten fußboden.

dieser fußboden ist kälter

als die liebe, die heiß ist und heinz heißt.

der fernfahrervater ist abwesend, und brigitte hilft im haushalt, was das einzige ist, womit sie sich beliebt machen kann, das heißt sie putzt freudig mit dem scheißebesen die klomuschel. vor fünf minuten hat sie gesagt, sie macht das ja gern. jetzt macht sie es schon nicht mehr gern. ihr wird ganz schlecht von all der scheiße, die sich im laufe der woche so in einem dreipersonenhaushalt ansammelt.

heinz wird, wenn schon nicht eine sekretärin, höhere schülerin, sekretärin, sekretärin oder sekretärin zur frau bekommen, doch eine frau zur frau bekommen, die eine richtige frau ist, also ordentlich mit dem besen und seinen widrigen begleitumständen umgehn kann.

zu hause hilft brigitte nichts, das hieße kapital und arbeitskraft in ein von vorneherein zum scheitern verurteiltes mit verlust arbeitendes kleinunternehmen zu stecken. aussichtslos. hoffnungslos. brigitte investiert besser, dort, wo etwas herauskommen kann. ein ganzes neues leben.

da brigitte wenig hirn hat, ist der ausgang unsicher.

schließlich haben manager ihr hirn zu hilfe, wenn sie etwas planen. brigitte hat nur ihre finger ausgebildet gekriegt. sonst nichts. aber die mit den dranhängenden armen könnten für drei zupacken, wenn sie müßten.

sie müssen. für heinz.

brigitte kriecht der mutti von heinz in den arsch. dort findet sie auch nichts andres als die gleiche scheiße wie in der muschel, die sie grade schrubbt. aber einmal wird diese hinter mir liegen, dann liegt die zukunft vor mir. nein, wenn die scheiße hinter mir ist, bin ich schon in der zukunft. zuerst muß ich mir einen status erarbeiten, der mich befähigt, überhaupt eine zukunft haben zu DÜRFEN. zukunft ist luxus. allzuviel gibts nicht davon.

diese kleine episode soll nichts weiter zeigen, als daß brigitte arbeiten *kann*, wenn es sein muß.

und es muß sein.

Ror Wolf

Ehe

Mit diesem schönen Bunde, der so viele Annehmlichkeiten gewährt, steigern sich auch die Bedürfnisse ganz beträchtlich und wachsen die Sorgen. Man hüte sich daher, leichtfertig eine Ehe zu schließen, ohne genügend Sicherung der ökonomischen Verhältnisse.

Differenzen sind im ehelichen Leben unausbleiblich. Da ist es dann immer das beste, wenn die Frau nachgiebig ist und ihren Willen dem des Gatten unterordnet, auch wenn sie im Recht zu sein glaubt. Sie möge ja nicht eigenwillig und halsstarrig bei ihrem Wollen beharren und gar mit Trotz und Schmollen, unfreundlichem Blick und verdrossener Miene mit dem Gatten verkehren, sondern stets das Oberhaupt der Familie in ihm achten, stets mit freundlichem heiterem Wesen ihm entgegenkommen. Sie soll ein scharfes Auge haben für alle seine Neigungen und Wünsche; sie soll ihm das häusliche Leben zu einem hübschen Asyl gestalten, in dem er sich froh und wohlig fühlt und dem er nach vollbrachtem Tagwerk auf den Schwingen der Freude zueilt. –

Wenn der Wohlstand sinkt und schwere Sorgen den Mann bedrücken, wird sie ihn mit verdoppelter Zärtlichkeit behandeln. Nicht wie so manche Frauen, die in derartigen Lagen ihren Mißmut am Manne auslassen und seinem geschäftlichen Kummer auch noch den häuslichen hinzufügen, was ihn dann häufig ins Wirtshaus oder zu verzweifelten Schritten treibt. Sie wird ihn aufzurichten suchen, ihn die mißliche Lage von einem beruhigenderen Gesichtspunkt auffassen lassen, ja selbst seine ungerechten Äußerungen geduldig ertragen und ihn nicht durch widerhaariges Wesen noch mehr betrüben und reizen.

Überhaupt vermeide eine Frau auch im intimen Verkehr alles, was einen Mann degoutieren könnte. Die Ehe verleiht nicht das Recht auf Unkeuschheit. Sie wird ein verdammenswertes Institut, wenn sie der Nachkommenschaft einen vergifteten Boden bereitet. Auch hat die Ehe nicht nur den Zweck, tierischen Trieben zu dienen, sondern die Seelen zweier Menschen zu edler und nutzbringender Arbeit zu vereinigen.

Sempé

Als ich Dich kennenlernte

»Als ich dich kennenlernte, hab ich mir oft gewünscht, du wärest ein armer, kranker Künstler. Ich hätte dich gepflegt, wäre dir beigestanden mit der Kraft eines liebenden Herzens. Wir hätten Zeiten der Enttäuschung und Niedergeschlagenheit erlebt, aber auch Augenblicke höchsten Glücks. Ich hätte all die tausend kleinen Ärgernisse des täglichen Lebens von dir ferngehalten, damit du dich ganz deiner Kunst hättest widmen können. Und dann, nach und nach, hätte man dein Talent erkannt, du wärest ein von allen bewunderter, gefeierter und berühmter Künstler geworden, und eines Tages hättest du mich verlassen, wegen einer Jüngeren, Schöneren – und das verzeihe ich dir nicht.«

Mark Twain

Adams Tagebuch

Montag: Dieses neue Geschöpf mit dem langen Haar ist mir überall im Weg. Es ist immer hinter mir her und streicht beständig um mich herum. Ich mag das nicht. Ich bin nicht an Gesellschaft gewöhnt. Ich wünschte, es bliebe bei den übrigen Tieren …
Es ist heute bewölkt, und ich denke, wir werden bald Regen bekommen. Wir? Wer ist wir? Woher habe ich nur dieses Wort? Ich erinnere mich jetzt – das neue Geschöpf braucht es immer.

Montag: Das neue Geschöpf sagt, sein Name sei EVA. Das ist ganz recht, und ich will nichts dagegen einwenden. Es sagt, der Name sei dazu da, damit ich es rufen könne, wenn ich es bei mir zu haben wünsche. Darauf erwiderte ich, daß dann der Name überflüssig sei. Dieser Ausspruch hob mich augenscheinlich in der Achtung des neuen Geschöpfs. Und wirklich, das Wort »überflüssig« ist sehr gut und von allgemeiner Bedeutung, so daß es bei jeder Gelegenheit wiederholt zu werden verdient. Darauf sagt mir das Geschöpf, daß es gar kein »Es«, sondern eine »Sie« sei. Das ist zum mindesten zweifelhaft, aber mir ist es einerlei. Sie mag sein, was sie will, wenn sie nur ihrer Wege gehen und nicht beständig reden wollte!

Samstag: Am letzten Dienstagabend bin ich durchgebrannt und habe mir dann, nachdem ich zwei Tage lang gewandert war, einen neuen Unterschlupf gebaut, an einer ganz abgelegenen Stelle. Aber meine sorgfältigen Bemühungen, meine

Spuren zu verwischen und zu verbergen, waren umsonst – sie hat mich trotzdem aufgespürt, mit Hilfe eines Tieres, welches sie gezähmt hat und »Wolf« nennt. Sie stürzte plötzlich zu mir herein, machte wieder das klägliche Geräusch, das ich nicht hören mag, und ließ das Wasser aus beiden Löchern, mit denen sie sieht, hervorschießen. Es blieb mir nichts anderes übrig, als mit ihr zurückzukehren. Aber ich werde sofort wieder ausreißen, sobald sich eine Gelegenheit bietet.

Zehn Jahre später … Was mich betrifft, so sehe ich nach all diesen Jahren ein, daß ich Eva anfangs unrecht getan habe. Es ist besser, außerhalb des Gartens mit ihr zu leben, als im Garten ohne sie. Ich fand zuerst, sie rede zuviel. Doch würde es mich betrüben, wenn diese Stimme jetzt verstummen und ich sie mein Lebtag nicht mehr hören sollte. Gesegnet sei der Apfelbiß, der uns zusammenführte und mich die Güte ihres Herzens erkennen ließ.

Javier Marías

PERSONENSTANDSÄNDERUNG

Wenn ich seit kurzem habe wissen wollen, was vor langer Zeit geschah, dann war der eigentliche Grund dafür meine Heirat (aber ich habe eher nicht wissen wollen, und es doch erfahren). Seit ich den Bund fürs Leben geschlossen habe (ein veralteter, aber sehr anschaulicher und nützlicher Ausdruck), habe ich begonnen, im Vorgefühl aller möglichen Katastrophen zu leben, ähnlich wie jemand, der sich eine jener Krankheiten zuzieht, von denen man nicht mit Sicherheit weiß, wann man von ihnen geheilt werden kann. Der Ausdruck *den Personenstand ändern,* den man normalerweise leichthin verwendet und der deshalb sehr wenig bedeutet, scheint mir in meinem Fall angemessener und genauer zu sein, und ich verleihe ihm, anders als üblich, einen ernsten Gehalt. Genau wie eine Krankheit unseren Zustand so sehr verändert, daß sie uns bisweilen zwingt, alles zu unterbrechen und für unabsehbare Zeit das Bett zu hüten und die Welt nur noch von unserem Kopfkissen aus zu betrachten, setzte meine Heirat meine Gewohnheiten und sogar meine Überzeugungen außer Kraft, und, was noch entscheidender ist, meine Weltsicht. Vielleicht weil es eine eher späte Ehe war, ich war vierunddreißig Jahre alt, als ich sie schloß.

Das größte und häufigste Problem zu Beginn einer annehmbar konventionellen Ehe besteht darin, daß trotz ihrer Anfälligkeit in den heutigen Zeiten und trotz der Möglichkeiten, welche den Eheschließenden gegeben sind, ihre Bindung zu lösen, es traditionsgemäß unvermeidlich ist, das unangenehme Gefühl zu empfinden, an ein Ziel und damit an einen

Endpunkt gelangt zu sein, oder, besser gesagt (da die Tage gleichmütig aufeinander folgen und es kein Ende gibt), daß der Augenblick gekommen ist, sich mit etwas anderem zu beschäftigen. Ich weiß wohl, daß dieses Gefühl schädlich und falsch ist und daß zahlreiche vielversprechende Ehen, kaum daß sie als solche zu existieren beginnen, scheitern, weil man ihm nachgibt oder es für wahr hält. Ich weiß wohl, daß man dieses unmittelbare Gefühl vermeiden und sich eben nicht etwas anderem, sondern genau ihr, der Ehe, widmen muß, als wäre sie das wichtigste Gebäude und die wichtigste Aufgabe, die man vor sich hat, selbst wenn man glaubt, die Aufgabe sei bereits bewältigt und das Gebäude errichtet. Ich weiß das alles sehr wohl, und doch, als ich heiratete, wurde ich noch während der Hochzeitsreise (wir fuhren nach Miami, New Orleans und Mexiko, danach nach Havanna) von zwei unangenehmen Empfindungen heimgesucht, und ich frage mich immer noch, ob die zweite ein bloßes Hirngespinst war und ist, erfunden oder gefunden, um die erste abzumildern oder sie zu bekämpfen. Das erste Unbehagen ist das bereits erwähnte, ein Unbehagen, das nach dem, was man hört, nach der Art von Witzen, die auf Kosten der Heiratswilligen gemacht werden, und nach den vielen destruktiven Sprichwörtern, die es dazu in meiner Sprache gibt, offenbar sämtliche Neuvermählten (vor allem die Männer) an diesem Beginn von etwas empfinden, das man unbegreiflicherweise als das Ende davon sieht und erlebt. Dieses Unbehagen läßt sich in einem erschreckenden Satz zusammenfassen, und ich weiß nicht, was die anderen tun, um sich über ihn hinwegzusetzen: »Und was jetzt?«

Diese *Personenstandsänderung* ist ebenso unberechenbar wie eine mögliche Krankheit und unterbricht alles oder erlaubt zumindest nicht, daß alles wie bisher weitergeht: sie erlaubt zum Beispiel nicht, daß nach dem Abendessen im Restaurant oder nach dem Kino jeder zu sich nach Hause geht und wir uns trennen und ich Luisa mit dem Wagen oder mit einem Taxi vor ihre Haustür bringe und dann allein durch die halbleeren und stets gesprengten Straßen fahre, allein zu mir nach Hause, während ich sicher an sie denke und an die Zukunft. Ist man verheiratet, dann wenden sich die Schritte nach dem Kino gemeinsam demselben Ort zu (und erklingen zur Unzeit, denn es sind jetzt vier Füße, die gehen), aber nicht, weil ich beschlossen hätte, sie zu begleiten, nicht einmal, weil es meiner Gewohnheit entspräche, es zu tun und ich es für richtig und höflich hielte, sondern weil jetzt die Füße nicht zögern auf dem nassen Pflaster, noch überlegen, noch ihre Meinung ändern, noch Reue empfinden oder überhaupt eine Wahl treffen können: jetzt besteht kein Zweifel daran, daß wir uns an denselben Ort begeben, ob wir es heute abend wollen oder nicht, oder vielleicht war es gestern nacht, als ich es nicht wollte.

Schon auf der Hochzeitsreise, als diese Personenstandsänderung wirksam zu werden begann (und es trifft es nicht ganz, zu sagen, daß sie begann, es ist eine heftige Änderung, die nicht zur Ruhe kommen läßt), wurde mir klar, daß es mir sehr schwerfiel, an Luisa zu denken, und völlig unmöglich war, an die Zukunft zu denken, was eines der größten vorstellbaren Vergnügen für jeden, wenn nicht die tägliche Rettung für alle ist: vage zu denken, die Gedanken zu dem schweifen zu lassen, was kommen wird oder kommen kann, sich ohne allzuviel Bestimmtheit noch Interesse Fragen über das zu stellen, was morgen oder in fünf Jahren aus uns werden mag, über das, was wir nicht voraussehen können. Schon auf der Hochzeitsreise war es, als wäre sie verlorengegangen und als gäbe es keine abstrakte Zukunft, die als einzige zählt, weil die Gegenwart sie nicht zu färben oder sich anzugleichen vermag. Diese Änderung führt also zwingend dazu, daß nichts weitergeht wie bisher, um so mehr, wenn die Änderung, wie allgemein üblich, durch eine gemeinsame Anstrengung eingeleitet und angekündigt wurde, deren hauptsächliche sichtbare Äußerung die künstliche Vorbereitung einer gemeinsamen Wohnung ist, einer Wohnung, die weder für den einen noch für den anderen existierte, sondern von beiden in künstlicher Weise eingeweiht werden muß.

Eben diese meines Wissens sehr verbreitete Gewohnheit oder Praxis liefert den Beweis, daß die beiden Eheschließenden bei ihrem Zusammenschluß in Wirklichkeit eine gegenseitige Aufhebung oder Vernichtung voneinander fordern, nämlich die Aufhebung der Person, die jeder war und in die jeder sich verliebt oder deren Vorteile er gesehen hatte, denn nicht immer existiert ein vorheriges Verliebtsein, manchmal existiert es erst im nachhinein, und manchmal findet es weder vorher noch nachher statt. Kann es nicht stattfinden.

Die Vernichtung des anderen, die Vernichtung dessen, den man kennengelernt und mit dem man sich getroffen und den man geliebt hat, geht mit dem Verschwinden der jeweiligen Wohnungen einher oder wird dadurch symbolisiert. So daß also zwei Personen, die gewohnt waren, jeweils für sich zu sein und sich jeweils an einem Ort zu befinden und allein aufzuwachen und oft auch allein ins Bett zu gehen, sich plötzlich künstlich vereint finden in ihrem Schlaf und ihrem Erwachen und ihren Schritten durch die halbleeren Straßen in ein und dieselbe Richtung oder beim gemeinsamen Betreten des Fahrstuhls, wobei der eine nicht mehr Besuch und der andere Gastgeber ist, der eine nicht mehr den anderen abholt oder dieser zu jenem herunterkommt, der im Wagen oder in einem Taxi auf ihn wartet, sondern beide keine Wahl haben, mit Zimmern und einem Fahrstuhl und einer Haustür, die keinem gehörten und nun beiden gehören, mit einem gemeinsamen Kopfkissen, um das sie im Schlaf werden kämpfen müssen und von dem aus sie, genau wie der Kranke, am Ende die Welt sehen werden.

Adam Phillips

Monogamie

Nicht jeder glaubt an Monogamie, aber alle leben so, als täten sie es.

Allen ist klar, daß sie lügen oder die Wahrheit sagen wollen, wenn es um Loyalität oder Treue geht.

Jeder sieht sich als Betrüger oder Betrogenen.

Jeder empfindet Eifersucht oder Schuld und erleidet die Qualen seiner Wahl.

Und die paar Glücklichen, die anscheinend niemals sexuelle Eifersucht verspüren, rätseln ständig darüber oder prahlen damit.

Vom Gefühl des Ausgenommenseins blieb noch niemand ausgeschlossen. Und jeder ist von dem besessen, wovon er ausgeschlossen bleibt.

Anders gesagt, der Glaube an Monogamie gleicht dem Glauben an Gott.

Quim Monzó

DIE MONARCHIE

Und alles nur wegen jenes Schuhs, den sie verlor, als sie überstürzt den Ball verlassen mußte, weil der Zauber um zwölf Uhr endete. Das Ballkleid verwandelte sich wieder in Lumpen, die Kutsche hörte auf, eine Kutsche zu sein, und wurde wieder zum Kürbis, die Pferde zu Mäusen und so weiter. Es hat sie immer in größtes Erstaunen versetzt, daß der Schuh nur ihr perfekt paßte, denn ihre Schuhgröße (36) ist keinesfalls unüblich, und es gibt sicher andere Mädchen mit derselben Schuhgröße im Dorf. Sie erinnert sich noch gut an die bestürzten Gesichter der beiden Stiefschwestern, als sie sahen, daß sie es war, die sich mit dem Prinzen vermählte und (ein paar Jahre später, als das Königspaar starb) die neue Königin wurde.

Der König war ein aufmerksamer und feuriger Ehemann. Ihr Leben war ein Traum, bis zu dem Tag, an dem sie Lippenstiftspuren auf dem königlichen Hemd entdeckte. Der Boden wurde ihr unter den Füßen weggezogen. Welch Kummer! Wie soll sie sich verhalten, sie, die Verkörperung der Tugend? Sie, die immer aufrichtig und arglos gehandelt hat?

Daß der König eine Geliebte hat, ist gewiß. Lippenstiftspuren auf dem Hemd sind schon immer ein klarer Beweis für Ehebruch gewesen. Wer mag die Geliebte ihres Mannes sein? Soll sie ihm ihre Entdeckung mitteilen oder sie besser geheimhalten, wie es sich traditionsgemäß für Königinnen ziemt, um die Monarchie als Institution nicht in Gefahr zu bringen? Und warum hat sich der König eine Geliebte genommen? Stellt sie ihn nicht zufrieden? Vielleicht sucht ihr

Mann, weil sie sich gewissen Praktiken verweigert, die sie als pervers empfindet (im wesentlichen Analverkehr und Natursekt), diese außer Haus?

Sie beschließt zu schweigen. Sie schweigt auch an dem Tag, an dem der König erst um acht Uhr morgens mit schwarzen Rändern unter den Augen nach Frauen riechend ins königliche Schlafzimmer kommt. (Wo treffen sie sich? In einem Hotel, bei ihr zu Hause, im Palast selbst? Es gibt so viele Zimmer in diesem Palast, daß er es sich erlauben könnte, die Geliebte einfach in einem der vielen ihr unbekannten Nebentrakte unterzubringen.) Sie sagt auch nichts, als die fleischlichen Kontakte, die sie früher mit der Regelmäßigkeit eines Metronoms vollzogen (jede zweite Nacht), seltener wurden, bis sie eines Tages feststellt, daß schon mehr als zwei Monate seit dem letzten Mal vergangen sind.

Sie weint still vor sich hin, im königlichen Zimmer, jede Nacht; denn nun geht der König keine Nacht mehr mit ihr ins Bett. Die Einsamkeit zehrt an ihr. Besser, sie wäre nie zu dem Ball gegangen oder der Fuß irgendeines anderen Mädchens hätte in den Schuh gepaßt und nicht der ihre. So wäre der Gesandte des Prinzen nach getaner Arbeit nie zu ihr nach Hause gekommen. Und wenn er doch gekommen wäre, so wäre es ihr sogar lieber gewesen, wenn eine ihrer Stiefschwestern auch die Größe 36 gehabt hätte anstatt 40 und 41, Schuhnummern, die hierzulande viel zu groß für ein Mädchen sind. So hätte der Gesandte nicht gefragt, was ihr jetzt, am Boden zerstört durch die Untreue ihres Mannes, schicksalhaft erscheint: ob es in dem Haus keine andere Frau gäbe außer der Stiefmutter und den beiden Stiefschwestern.

Was nützt es ihr, Königin zu sein, wenn sie nicht die Liebe des Königs hat? Sie würde alles geben, um die Frau zu sein, mit der sich der König außerehelich vereinigt. Sie würde tausendmal lieber die ehebrecherischen Liebesnächte des

Monarchen teilen als die Leere des ehelichen Bettes erleiden. Lieber Geliebte als Königin.

Sie beschließt, der Tradition zu folgen und dem König nicht zu sagen, was sie entdeckt hat. Sie wird ganz sibyllinisch handeln. Am Abend darauf, als der König sich wohlerzogen verabschiedet, folgt sie ihm. Sie folgt ihm durch Flure, die sie nicht kennt, durch unbekannte Palastflügel, in Zimmer, deren Existenz sie nicht einmal ahnte. Der König geht mit der Taschenlampe vor ihr her. Schließlich macht er die Tür eines Zimmers hinter sich zu, uns sie bleibt draußen auf dem Flur im Dunkeln. Sogleich hört sie Stimmen von drinnen. Die ihres Mannes zweifelsohne und das gackernde Lachen einer Frau. Aber außer diesem Lachen hört sie noch die Stimme einer anderen Frau. Ist er mit zwei Frauen zusammen? Ganz vorsichtig und darauf achtend, kein Geräusch zu machen, öffnet sie die Tür einen Spalt. Sie legt sich auf den Boden, damit man sie vom Bett aus nicht sehen kann; sie kriecht mit dem halben Körper ins Zimmer. Das Licht der Leuchter wirft die Schatten dreier kopulierender Körper an die Wand. Sie hätte sich gerne etwas erhoben, um zu sehen, wer da im Bett liegt, denn durch das Lachen und Flüstern kann sie die Frauen nicht identifizieren. Von da aus, wo sie ist, auf dem Boden liegend, kann sie kaum mehr sehen; sie sieht nur am Fuße des Bettes, achtlos hingeworfen, die Schuhe ihres Mannes neben zwei Paar Damenschuhen, mit superhohen Absätzen, die einen schwarz und Schuhgröße 40, die anderen rot und Schuhgröße 41.

Saki

Das Schweigen der Lady Anne

Egbert kam in den großen Salon, der nur schwach erleuchtet war; er machte den Eindruck eines Menschen, der sich nicht ganz klar ist, ob er einen Taubenschlag oder eine Munitionsfabrik betritt, und der daher mit allem rechnet. Der kleine Familienstreit beim Mittagessen war nicht bis zu einer Entscheidung ausgefochten worden, und die Frage war, inwieweit Lady Anne gewillt war, die Feindseligkeiten wieder aufzunehmen oder zu vergessen. Ihre Haltung, mit der sie in dem Sessel neben dem Teetischchen saß, war von vollendeter Strenge; im Dämmerlicht des Dezembernachmittags konnte Egbert selbst mit Hilfe seines Kneifers den Ausdruck ihres Gesichts nicht genau erkennen.

Um auf jeden Fall das Eis zu brechen, das sich an der Oberfläche gebildet hatte, machte er eine ganz bestimmte Bemerkung; sowohl er selbst als auch Lady Anne waren gewohnt, daß einer von ihnen diese Bemerkung an winterlichen oder spätherbstlichen Nachmittagen in der Zeit zwischen sechzehn Uhr dreißig und achtzehn Uhr machte. Eine Erwiderung pflegte nicht zu erfolgen – und so schwieg auch Lady Anne.

Don Tarquino lag lang ausgestreckt auf dem Perserteppich. In unnachahmlicher Gleichgültigkeit gegenüber der möglicherweise schlechten Laune Lady Annes genoß er den warmen Schein des Kaminfeuers. Sein Stammbaum war genauso fehlerfrei persisch wie der des Teppichs, und sein Schnurrbart kam nun bereits in das zweite Jahr. Der junge Diener – ein

Verehrer der Renaissance – hatte ihn auf den Namen ›Don Tarquino‹ getauft. Andernfalls hätten Egbert und Lady Anne ihn zweifellos ›Fluff‹ gerufen – aber in solchen Dingen waren sie nicht halsstarrig.

Egbert goß sich eine Tasse Tee ein. Als nichts darauf schließen ließ, daß Lady Anne das Schweigen von sich aus brechen würde, überwand er sich zu einem neuen Versuch.

»Die Bemerkung, die ich bei Tisch machte, hatte eine rein akademische Bedeutung«, verkündete er. »Ich habe den Eindruck, daß du sie unnötigerweise persönlich genommen hast.«

Lady Anne hielt die abwehrende Barriere des Schweigens weiterhin aufrecht. Der Dompfaff füllte die eingetretene Pause, indem er gelangweilt eine Arie aus ›Iphigenie auf Tauris‹ pfiff. Egbert erkannte sie sofort, weil es die einzige Melodie war, die der Dompfaff überhaupt pfeifen konnte; schon als der Vogel zu ihnen kam, hatte man ihm nachgesagt, daß er diese Arie pfeifen könne. Sowohl Egbert als auch Lady Anne hätten es zwar lieber gesehen, wenn es irgendeine Melodie aus ›Der Königliche Leibgardist‹, ihrer Lieblingsoper, gewesen wäre. In künstlerischen Dingen herrschte zwischen ihnen eine Ähnlichkeit des Geschmacks: In der Kunst liebten beide Ehrlichkeit und Offenheit; so bevorzugten sie zum Beispiel jene Gemälde, die mit weitgehender Unterstützung ihres Titels eine ganze Geschichte erzählen können. Ein reiterloses Schlachtroß, dessen Sattelzeug unmißverständlich in Unordnung geraten ist, das gerade in einen mit blassen und ohnmächtigen Frauen bevölkerten Schloßhof stolpert und demzufolge unter die Rubrik ›Schlechte Nachricht‹ fallen kann, rief in ihrer Phantasie sofort den Eindruck einer militärischen Katastrophe hervor. Deutlich konnten sie erkennen, was das Bild sagen wollte; und so waren sie auch in der Lage, es ihren Bekannten von gemäßigterer Intelligenz zu erläutern.

Das Schweigen dauerte an. In der Regel wurde Lady Annes Mißfallen nach vier einleitenden, stummen Minuten deutlich vernehmbar. Egbert griff nach dem Sahnekännchen und goß einen Teil seines Inhalts in Don Tarquinos Schüssel. Da diese Schüssel bereits gefüllt war, bestand das Ergebnis seiner Bemühung in einem Fleck, den die übergelaufene Sahne bildete.

Don Tarquino beobachtete den Vorgang mit überraschtem Interesse, das sich in restlose Verblüffung verwandelte, als er von Egbert aufgefordert wurde, einen Teil der übergeflossenen Sahne aufzulecken. Don Tarquino war es gewohnt, in seinem Leben die verschiedensten Rollen spielen zu müssen – aber die eines Aufwischlappens gehörte keinesfalls dazu.

»Bist du nicht auch der Ansicht, daß wir uns ziemlich töricht benehmen?« fragte Egbert ungezwungen.

Möglicherweise war Lady Anne seiner Ansicht – zugeben tat sie es jedenfalls nicht.

»Ich gestehe, daß die Schuld zu einem Teil bei mir liegt«, fuhr Egbert mit einer Heiterkeit fort, die ihre Wirkung verfehlte. »Schließlich bin ich auch nur ein Mensch, nicht wahr? Das scheinst du ganz vergessen zu haben!«

Auf dieser Feststellung beharrte er, als bestünde die unbegründete Vermutung, daß er ein Satyr sei – mit den Merkmalen eines Ziegenbockes dort, wo das Menschliche aufhört.

Der Dompfaff empfahl sich weiterhin mit seiner Arie aus ›Iphigenie auf Tauris‹. Egbert wurde von einem Gefühl der Niedergeschlagenheit übermannt. Lady Anne rührte nicht einmal ihre Tasse Tee an; vielleicht fühlte sie sich unwohl? In diesem Fall war es jedoch ungewöhnlich, daß sie sich darüber ausschwieg. »Kein Mensch weiß, wie sehr ich unter Magenverstimmungen leide«, war eine ihrer beliebten Feststellungen. Das mangelnde Wissen der anderen konnte jedoch in diesem Punkt nur auf ungenaues Zuhören zurückzuführen sein, denn die Fülle der Mitteilungen hätte ausgereicht, um eine Monographie zu schreiben.

Offensichtlich fühlte Lady Anne sich also nicht unwohl.

Egbert hatte die Empfindung, unbillig behandelt zu werden. Aus diesem Grunde war er selbstverständlich bereit, Zugeständnisse zu machen.

»Ich gebe zu«, bemerkte er, stand bei diesen Worten auf und stellte sich, soweit Don Tarquino es zuließ, auf den Mittelpunkt des Persers, »ich gebe zu, daß man mir die Schuld zuschieben kann. Und ich bin bereit, ab sofort den Vorsatz zu einem besseren Leben zu fassen – sofern sich die Dinge dadurch bessern lassen.«

Er überlegte bereits, wie sich dieser Vorsatz verwirklichen ließe. Da er die erste Lebenshälfte schon hinter sich hatte, traten Versuchungen nur noch in Andeutungen und ohne Nachdruck an ihn heran – ähnlich wie bei jenem zu kurz gekommenen Schlächterjungen, der im Februar nur aus dem Grunde nach seinem Weihnachtsgeschenk fragt, weil er es im Dezember nicht bekommen hat. Die Vorstellung, daß er ihnen erliegen könne, war ihm genauso unvorstellbar wie der Gedanke, die Fischbestecke und Pelzstolen zu kaufen, zu deren Opferung manche Dame im Laufe der zwölf Monate eines Jahres gezwungen ist und zu deren Durchführung sie sich einer Zeitungsannonce bedient. Dennoch lag über Egbert ein Hauch des Eindrucksvollen, ausgelöst durch den freiwilligen Verzicht auf jene ungeheuren Möglichkeiten, die vielleicht noch seiner harrten.

Durch keine Andeutung gab Lady Anne zu verstehen, in irgendeiner Form davon beeindruckt zu sein.

Nervös blickte Egbert sie durch seinen Kneifer hindurch an. Daß er ihr gegenüber durch schlechte Argumente im Nachteil war, bedeutete für ihn keine Überraschung; daß er jedoch einen Monolog halten mußte, war für ihn genauso neu wie demütigend.

»Ich werde mich jetzt zum Abendessen umziehen«, verkündete er, und in seiner Stimme schwang die Andeutung seines festen Entschlusses mit, nicht zu Kreuze zu kriechen.

An der Tür überkam ihn zum letztenmal seine Schwäche, so daß er noch einen Versuch machte.

»Eigentlich benehmen wir uns ziemlich albern, nicht wahr?«

»Dummkopf!« lautete Don Tarquinos unausgesprochener Kommentar, als die Tür sich hinter Egbert schloß. Dann stellte er sich auf seine Sammetpfoten und sprang leichtfüßig auf das Bücherregal, direkt unter den Käfig des Dompfaffs; zum erstenmal schien er die Anwesenheit des Vogels bemerkt zu haben. Dann aber führte er mit der Präzision gereifter Überlegung das aus, was er sich seit langem schon vorgenommen hatte. Der Dompfaff, der sich immer als Despot gefühlt hatte, war plötzlich auf ein Drittel seines sonstigen Umfangs zusammengeschrumpft; gleich darauf verfiel er in hilfloses Flügelschlagen und entsetztes Kreischen. Ohne das Vogelbauer hatte er siebenundzwanzig Shilling gekostet – aber Lady Anne rührte sich nicht, um einzugreifen. Sie war seit zwei Stunden tot.

E.W. Heine

TELEFONSEELSORGE

In jeder größeren Stadt gibt es heutzutage eine Telefonseelsorge. Sicher eine gute Einrichtung, aber wer von uns will schon mit einem Pfarrer sprechen, wenn er Probleme hat, richtige Probleme. Bibelsprüche, wem helfen die? Aus dieser Erkenntnis heraus haben wir einen privaten Notdienst gegründet. Vielleicht finden Sie meine Telefonnummer auch in Ihrer Tageszeitung:

S.O.S.-Telefon-Fürsorge
Sie brauchen einen Menschen?
Rufen Sie uns an: 111011

Wir arbeiten ehrenamtlich rund um die Uhr. Sie werden jetzt vielleicht fragen, warum geht eine junge Frau wie ich, die tagsüber einen anstrengenden Beruf ausübt, freiwillig und ohne Bezahlung zur Telefonfürsorge? Die meisten von uns sind selber durch die Hölle gegangen, so wie meine Freundin Brigitte, die ich gerade abgelöst habe. Ihr Sohn ist an Blutkrebs gestorben. Auch ich habe meine Gründe. Ich habe zwei Selbstmordversuche hinter mir. Ich habe meinen Mann verloren. Boris war der einzige Mensch, den ich je geliebt habe. Ich bin im Waisenhaus groß geworden. Liebe war für mich nur ein Wort, bis ich ihm begegnet bin. Noch heute, nach drei Jahren, meine ich manchmal, daß ich das alles nur geträumt habe. Es war zu schön, um wahr zu sein.

Das Telefon schellt. Eine Männerstimme. Abgehackte Satzfetzen: »Sie hat mich verlassen. Sie hat unser Baby mitgenommen. Ich habe den Gasherd aufgedreht. Alles ist aus.

Ich will nicht mehr leben. Ich habe Angst vorm Sterben. Bitte bleiben Sie am Apparat, bis alles vorbei ist. Ich brauche einen Menschen, mit dem ich sprechen kann.«

Aus Erfahrung weiß ich, die meisten Anrufer sind einsam und verzweifelt, aber sie befinden sich nicht in Lebensgefahr. Sie suchen einen Strohhalm, an den sie sich klammern können. Sie drohen damit, sich umzubringen, um ihrem Anruf Gewicht zu verleihen, damit man ihnen zuhört.

»Erzählen Sie mir von Ihrer Frau. Haben Sie schon öfter Streit mit ihr gehabt? Übrigens, ich heiße Susanne. Wenn Sie wollen, können Sie mich Susi nennen. Wie heißen Sie?«

»Christian.«

»Warum sind Sie so sicher, Christian, daß Ihre Frau nicht zu Ihnen zurückkehren wird? Hat sie Sie schon früher verlassen? Vielleicht ist sie nur zu ihrer Mutter gefahren. Viele Ehefrauen tun das nach einem Streit.«

»Aber nicht Elli. Sie hat keine Mutter mehr. Sie hat überhaupt keinen Menschen, zu dem sie gehen könnte. Sie hat mir immer gedroht: »Wenn du mich jemals betrügst, so verlasse ich dich.«

»Haben Sie sie belogen?«

»Ja – ich meine nicht wirklich. Ich habe mit einem Mädchen geschlafen, einer Sekretärin in meiner Firma. Nur so, nichts Ernstes. Ich weiß nicht, warum ich Ihnen das alles erzähle. Sie haben sicher Wichtigeres zu tun. Ich glaube, ich lege besser auf.«

»Nein. Bleiben Sie! Ich habe Zeit. Es ist im Augenblick ziemlich ruhig hier. Erzählen Sie mir von Ihrer Frau oder von Ihrem Baby. Wie alt ist es? Ist es ein Junge oder ein Mädchen?« Selbstmordkandidaten darf man nicht aus dem Griff lassen, wenn man einmal ihre Aufmerksamkeit gewonnen hat. Man muß pausenlos mit ihnen reden, damit sie nicht auf dumme Gedanken kommen.

»Es ist ein Junge. Elf Monate.«

»Sieht er seiner Mutter ähnlich oder Ihnen? Beschreiben Sie ihn mir.«

»Ich kann nicht. Meine Augen tränen. Ich sehe alles ganz verschwommen. Mir ist ganz schwindlig. Ich glaube, es dauert nicht mehr lange. Was haben Sie gesagt, Susi?«

»Erzählen Sie mir von Ihrem Baby.«

»Ich kann nicht.« Er schluchzt.

»Christian, Sie sollten sich das Ganze noch einmal überlegen. Ihr Sohn braucht Sie, und ich bin sicher, Ihre Frau auch. Wenn Sie ein paar Tage abwarten, werden Sie sehen, daß ich recht habe. Sie wird zu Ihnen zurückkehren. Sie sagen selber, sie hat keinen Menschen außer Ihnen. Sie kommt zurück. Wollen wir wetten? Christian, Sie machen einen großen Fehler.«

Schweigen.

»Ich habe Ihnen nicht alles erzählt. Wir hatten Streit. Ich habe sie geschlagen. Ich war so wütend, daß ich nicht mehr wußte, was ich tat. Ich habe sie verprügelt.« Es kracht in der Leitung. Der Hörer ist ihm aus der Hand gefallen. Ist er ohnmächtig geworden?

»Christian, sind Sie noch da? Können Sie mich hören?«

»Ja, ich höre Sie.« Er lallt. Seine Worte sind kaum zu verstehen. »Da war jemand an der Tür. Wahrscheinlich meine Nachbarin. Sie wird wohl das Gas gerochen haben. Bestimmt ruft sie jetzt die Polizei, oder sie holt Hilfe aus dem Haus. Ich habe nicht mehr viel Zeit. Ich muß mich beeilen ...« Es klickt in der Leitung.

»Hallo. Christian! Hallo! ...« Er hat aufgehängt. Vielleicht ist er tot? Vielleicht haben sie seine Tür aufgebrochen und ihn überwältigt. Vielleicht hat sein Lebenswille gesiegt, und er ist mit letzter Kraft zum Fenster getaumelt. Die meisten Selbstmörder suchen nicht wirklich den Tod, sondern einen

Ausweg aus ihrer Not. Selbst die, die ins Wasser gehen, schwimmen bis zuletzt.

Das Telefon schellt: »Susi, ich habe den Haupthahn zugedreht. Mir ist so übel. Alles dreht sich im Kreis. Ich bin wie betrunken. Wo ist das Fenster? Ich brauche Luft. Mir ist so schlecht.«

»Ruhig, Christian, bleiben Sie ruhig! Versuchen Sie, einen klaren Kopf zu behalten. Rauchen Sie?«

»Ja.«

»Dann stecken Sie sich erst mal eine Zigarette an.«

»Gute Idee.«

Ich warte auf die Explosion. Dann lege ich auf. Fast wäre er lebend davongekommen.

Ich denke an Boris. Auch er hat mich mit einer Jüngeren betrogen, geschlagen und verlassen, so wie dieser Christian. Männer. Ich hasse sie alle. Die Telefonseelsorge ist eine gute Bastion, um dieses Ungeziefer auszurotten. Sie müssen mich jetzt entschuldigen. Das Telefon schellt schon wieder.

Charles Bukowski

HALLO, BARBARA

Vor 25 Jahren
in Las Vegas
heiratete ich
das einzige Mal.

Wir waren nur
eine Stunde dort.
Ich fuhr die ganze
Strecke da hoch und
die ganze Strecke
wieder zurück nach L.A.

Doch verheiratet
fühlte ich mich
überhaupt nicht
und dieses Gefühl
hielt zweieinhalb
Jahre an, bis sie
sich wieder von mir
scheiden ließ.

Dann fand ich
eine Frau
die sich Ameisen
als Schoßtiere hielt
und sie mit Zucker fütterte.
Ich machte sie
schwanger.

Danach
kamen noch
viele
Frauen.

Aber neulich
sagte der Mann
der sich mit meiner
Lebensgeschichte
befaßt: »Ich hab
die Telefonnummer
von deiner
Ex-Frau.«

Ich verstaute
den Zettel
in meiner
Kommode.

Dann, eines Abends,
betrank ich mich,
kramte die Nummer
hervor und
rief an.

»Hey, Baby,
ich bin's!«

»Ich weiß, daß
du es bist«, sagte sie
mit der gewohnten
eisigen Stimme.

»Wie geht's?«

»Ganz gut«,
antwortete sie.

»Lebst du immer noch
auf dieser Hühnerfarm?«

»Ja«, sagte
sie.

»Tja, ich bin
besoffen. Dachte
nur, ich ruf
dich mal kurz
an.«

»Du bist also
wieder besoffen«,
sagte sie
mit der gewohnten
eisigen Stimme.

»Ja. Tja, also
dann sag ich
jetzt mal
Wiedersehn ...«

»Wiedersehn«, sagte
sie und legte
auf.

Ich ging zum Tisch
und goß mir einen
neuen Drink ein.
Nach 25 Jahren
haßte sie mich
noch immer.

Ich hielt mich
gar nicht für
so schlecht.

Natürlich,
Kerle wie ich
tun das
selten.

Robert Gernhardt

Noch eine Szene noch einer Ehe

Aber wir sind doch verheiratet, Erna!
Ja und?
Und was steht dann unserem Glück im Wege?
Unserem? Ich rede von meinem!
Und was steht deinem Glück im Wege, Erna?
Du natürlich Karl-Heinz!
Aber Erna! Du glaubst doch wohl nicht im Ernst, daß ich mich für dich umbringe!
Weil du mich nicht liebst!

Ursula Assaf-Nowak

Der eifersüchtige Türke und seine Frau aus Kairo

Vor vielen, vielen Jahren geschah es, daß sich ein Türke in Kairo niederlassen wollte. Er war durch viele Länder gereist, hatte zahlreiche Merkwürdigkeiten gesehen und besaß große Lebenskenntnis.

Da er seit langem der Ansicht war, daß man nicht glücklich werden kann, wenn man nicht verheiratet ist, entschied er sich, eine Frau zu suchen. Doch seine große Lebenserfahrung belehrte ihn, keine Frau zu nehmen, ohne alle Vorsichtsmaßnahmen ergriffen zu haben, denn nur so konnte man das Unglück verhindern, das eine Folge des leichten Lebenswandels vieler Frauen ist.

Nach reiflicher Überlegung ließ er eine Waschfrau kommen und sagte zu ihr: »Tante, ich möchte mich verheiraten. Ich habe große Lebenserfahrung und kenne die Frauen. An Euch liegt es, mir eine Frau zu finden, die zu mir paßt.« Und er begann seine Bedingungen aufzuzählen: »Sie muß jung und geschickt sein; sie darf ihr Haus und ihre Eltern bisher nicht verlassen haben, und sie muß damit einverstanden sein, bei mir in einem Haus zu leben, das aus einem einzigen Zimmer besteht, und vor allem darf sie niemals den Wunsch hegen, es zu verlassen. Das ist die wichtigste meiner Voraussetzungen. Was soll ich Euch noch groß sagen? Das genügt. Geht! Geht!«

Die alte Waschfrau machte sich also auf die Suche, und nach einigen Tagen schon hatte sie die gewünschte Frau für den Türken gefunden. Sie kam zu ihrem Auftraggeber und sagte zu ihm: »Ich habe da ein junges Mädchen, das überaus hübsch und geschickt ist; sie hat nie die Schwelle ihres Hauses übertreten; als ihre Mutter ihr Eure Bedingungen nannte, hat sie geantwortet: ›Hier oder bei dem Türken, ist es nicht dasselbe für mich?‹ Die Beschreibung ihrer Schönheit und die naive Antwort des jungen Mädchens gefielen dem Türken. Nachdem er die Eltern um die Hand ihrer Tochter gebeten hatte, wurde die Hochzeit gefeiert.

Der Türke hatte unterdessen auch ein Haus nach seinem Wunsch gefunden, und zwar nur aus einem großen Zimmer bestehend, in das man unmittelbar gelangte, wenn man eine kleine Treppe hinaufstieg, die zur Haustür führte. »Der Mann muß außergewöhnlich listig sein, der hier eindringt, ohne daß ich ihn sofort bemerke«, dachte der Türke beim Anblick der Wohnung und nahm sie.

Jeden Morgen, wenn er das Haus verließ, schloß er die Tür hinter sich ab, und wenn er zurückkehrte, genügte ein einziger Blick durch das Zimmer, um sich zu vergewissern, daß keiner außer seiner Frau in ihrem Hause war. So lebte er glücklich, aber in ständiger Unruhe.

Auf der anderen Seite der Straße, genau dem Zimmerfenster gegenüber, befand sich ein Metzgerladen. Die Frau des Türken sah täglich den Besitzer, einen jungen Mann von kräftiger großer Gestalt und einem fröhlichen Gesicht. Er sang immer vor sich hin, ob er alleine war oder seine Kunden bediente, und er war stets gut gelaunt. So kam es, daß die junge Frau sich in den Metzger verliebte.

Eines Tages kam ihr Mann, der Türke, früher als gewöhnlich nach Hause zurück. Als seine Frau den Schlüssel im Schloß hörte, stieß sie den jungen Metzger in eine Ecke des Zimmers, hinter die Leine, an der die Kleider ihres Mannes hingen, und warf über ihn ein großes Umschlagtuch, mit dem sich die Kairoer Frauen bekleiden, wenn sie ausgehen.

Sie hüllte sich in ein anderes Tuch ein und ging ihrem Mann entgegen, der schon eingetreten war.

»Frau«, sagte der Türke sogleich, »was verbirgst du unter dem Tuch in der Ecke?«

»Komm, mein Herr, setz dich hierhin und hör mir zu«, sagte sie und begann zu erzählen: »Es war einmal ein Mann, der entsetzlich eifersüchtig war. Seine Frau hatte einen Geliebten, den sie in der Abwesenheit ihres Mannes bei sich zu Hause empfing. Eines Tages aber kam ihr Mann früher als gewohnt nach Hause. Die Frau war in größter Not und versteckte ihren Geliebten unter einem Tuch. Dann wartete sie, bis ihr Mann im Zimmer war, sich setzte und Atem schöpfte. Das andere Tuch, das sie um ihre Schultern gelegt hatte, stülpte sie ihrem Mann ganz fest über den Kopf … so …« Und während sie dies erzählte, bedeckte sie den Kopf ihres Mannes mit dem Tuch, wie sie es vorher beschrieben hatte, und lachte laut. Der Türke wußte nicht, ob er lachen oder zürnen sollte; war dies ein Kinderscherz oder Ernst? Er schrie und schlug um sich, aber er konnte seinen Kopf nicht aus den Tuch befreien.

Während er schrie und sie beschwor, ihn von dem Tuch zu befreien, setzte sie ihre Geschichte fort: »Als der eifersüchtige Gemahl so eingewickelt war, daß er weder sehen noch hören konnte, was in dem Zimmer vor sich ging, rief sie ihrem Geliebten zu: ›Rette dich und geh, von wo du gekommen bist. Beim Barte des Propheten, rette dich!‹ «

Der Metzger verließ mehr tot als lebendig das Zimmer durchs Fenster, ohne daß der Türke seine Schritte hören konnte, da er schrie und zeterte und das Tuch vom Kopf zu reißen versuchte, das ihm die Sicht nahm.

Als die Frau sah, daß ihr Geliebter in Sicherheit war, legte sie sich rücklings auf den Diwan und begann, laut zu lachen. Ihr Mann befreite sich endlich von dem Tuch, und als er seine Frau so unschuldig und herzhaft lachen sah, wußte er noch weniger, wie er diese Fröhlichkeit deuten sollte. Während er darüber nachdachte, fragte seine Frau ihn mit unschuldiger Miene: »Wie gefällt dir meine Geschichte?«, und als er nicht antwortete, fuhr sie fort: »Geh, schau unter das Tuch! Niemand ist und war dort.«

Keiner weiß, warum sich der Türke von seiner Frau scheiden ließ. Hatte er einen Verdacht? Lachte sie zu fröhlich auf seine Kosten? Jedenfalls verließ er am nächsten Morgen das Land und verzichtete für immer darauf, eine Frau aus Kairo zu bändigen.

Burkhard Spinnen

Die Geliebten

Ein verheirateter Mann Ende Dreißig arrangiert es sage und schreibe, daß ihn an einem Abend, Frau und Kinder sind bei Verwandten, seine vier früheren Geliebten besuchen, und jede, ohne von der Einladung der anderen zu wissen. Man stelle sich das vor! – Freilich, es war ein Leichtes für den Mann, er hatte zu den Vieren stets einigermaßen Kontakt gehalten; nur die Sturheit, mit der er auf dem speziellen Termin bestand, sorgte für ein wenig Verwirrung.

Da sind sie nun! Eingetroffen im Abstand von wenigen Minuten. Die erste sitzt kaum, die zweite betritt gerade das Wohnzimmer, da klingelt die dritte, und die Tür ist eben geöffnet, so erscheint die vierte an der Biegung des Gartenwegs. Sie kennen einander, wie man sich unter den gegebenen Umständen kennt, teils von Photos, teils von kurzen Begegnungen zur Zeit des Auseinandergehens, zwei waren sogar einmal flüchtig befreundet.

Zuerst schauen sie sich an, unentschlossen. Ist die Lage peinlich, ist sie interessant? Sollen sie gleich gemeinsam Front machen gegen die Unverschämtheit, die er sich erlaubt hat; oder ist es besser, sich eine eigene Meinung zu bilden? Da hebt der Mann eine Hand. Er wolle, noch bevor irgendein anderer Ton in ihre Versammlung komme, sein Anliegen gleich in vollem Umfange anmelden.

Ich bitte euch nämlich, sagt er, jetzt und hier, alle und gleichzeitig, mit mir zu schlafen. Keine der vier erwidert. Wer weiß, vielleicht aus Empörung.

Der Mann spricht weiter. Das klinge natürlich wie das Ansinnen eines Verrückten. Zugegeben, aber er bitte seine

Gründe zu bedenken. Zunächst, sagt er, wir sind alle aus dem Alter heraus, da sich besondere Freizügigkeiten noch reibungslos oder selbstverständlich entwickeln. Außerdem ist die Zeit nicht danach, Krankheiten sind im Umlauf. Also sind, wenn ich das richtig sehe, Bedenkenlosigkeit und Vertrauen nurmehr auf die eigene Vergangenheit zu gründen. Mit anderen Worten: Das ist unsere letzte Chance.

Noch immer schweigen die vier.

Dazu kommt, sagt der Mann, daß ich mir mehr und mehr wünsche, meine Erinnerung an unsere gemeinsamen Zeiten nicht nur ein letztes Mal an der Wirklichkeit zu überprüfen, sondern sie auch, ich nenne es einmal: in Konkurrenz zueinander zu setzen. Also, konkret, eine Zärtlichkeit zu wiederholen wortwörtlich im Angesicht, zum Beispiel, einer Leidenschaft. Und noch genauer, wenn ich mir die Freiheit erlauben darf: mit einer von euch zu tun, was wir ohne weiteres taten, während eine andere zusieht, die dem ganz abgeneigt war. Oder, möglicherweise, umgekehrt.

Die vier rücken zusammen.

Ich weiß, sagt der Mann, das hört sich jetzt an, als dächte ich nur an mich. Doch bitte, stellt euch vor, wie auch für euch sich alles derart um, was soll ich sagen, wesentliche Aspekte bereichert. Ich sage: alles. Denn welche Chance, einmal leiblich zu erfahren, wie einer sein kann, den man für sich gekannt zu haben glaubt! Danach – wer sieht nicht alles mit neuen Augen! Und –, der Mann breitet die Arme aus, wir stehen an der Schwelle. Noch sind wir nicht alt, keine Frage; aber was wird sein in wenigen Jahren? Wir haben Familie, wir haben Kinder. Über kurz oder lang wird man von uns verlangen zu wissen, wie die Dinge beschaffen sind. Von uns! – Dabei laufen wir, der Mann läßt die Arme sinken, ich sage das ohne Vorbehalt, längst Gefahr, geradezu blindlings, allenfalls den Blick stier auf die täglichen Sorgen, Richtung Grab zu laufen.

Eine Zeitlang ist Ruhe.

Dann löst sich eine der vier und legt dem Mann eine Hand auf die Schulter. Die anderen drei bleiben, wo sie sind, zwei fassen sich bei den Händen. Lange stehen sie so da. Dann löschen sie das Licht und beginnen, einander abgewandt, sich zu entkleiden.

Luigi Pirandello

Eine ideale Ehe

Bevor Poldo Carega, Ingenieur oder – wie er sich auf seiner Visitenkarte nannte – »Unternehmer öffentlicher Arbeiten«, aufgrund ich weiß nicht mehr welchen Auftrags nach Rumänien ging, pflegte er, die behaarten Tatzen gegen seine herkulische Brust pressend, zu sagen:

»Ich bin der Kontinent!«

Und, indem er die Arme um den Hals von Frau und Tochter legte:

»Und das meine Inseln!«

Denn seine Frau war in Sizilien, seine Tochter in Sardinien geboren.

Aber als er nach etwa vier Jahren nach Italien zurückkehrte, mußte er feststellen, daß eine der beiden Inseln, Sardinien (das heißt, seine Tochter Margherita), die Proportionen Rußlands – aber wer spricht hier von Rußland: Europas, ja geradezu des Globus angenommen hatte.

Armer Poldo Carega: es war, als habe man ihn schmählich verraten! Zuerst tat er nichts anderes, als starr vor Verwunderung seine Tochter von oben bis unten anzusehen:

»O Gott, Margherita, was ist aus dir geworden?«

Dann wandte er sich gegen seine Frau, als sei es ihre Schuld, daß das Mädchen so in die Länge und Breite gegangen war; und er geriet in eine solche Wut, daß er den Verstand zu verlieren schien.

Die Frau seufzte in ratloser Niedergeschlagenheit:

»Aber ich hab' dir's doch geschrieben, mein Poldo, immer und immer wieder geschrieben! Fast in jedem Brief hab' ich dir's geschrieben!«

Ja, sie hatte es ihm in der Tat wieder und wieder geschrieben; aber wie hätte Poldo Carega ihr bis zu diesem Grad Glauben schenken sollen? Aus der Ferne hatte er dieses ans Wunder grenzende Wachstum der Tochter für eine der gewöhnlichen Übertreibungen seiner Frau gehalten.

»Ach ja, Übertreibungen! Ich weiß schon, für dich bin immer ich diejenige, die übertreibt!«

Die Auffassung, die sich nicht nur ihr Mann, sondern alle von ihr zu eigen gemacht hatten, daß sie nämlich übertreibe, war ein alter Kummer Frau Rossanas. Schuld daran war, wie sie glaubte, das ihrer ganzen Familie gemeinsame Mißgeschick: die übermäßige Größe.

Über ihre eigene Statur empfand Frau Rossana einen bitteren, quälenden Ärger, denn sie hinderte sie, ihrem innersten Bedürfnis entsprechend ein sentimentales Schmeichelkätzchen zu sein. So lang aufgeschossen, zart und kraftlos, wie sie war, hatte sie viel zu leiden; aber niemand wollte an ihre Mattigkeiten glauben, und alle antworteten ihr lächelnd:

»Nun übertreiben Sie mal nicht, Frau Rossana!«

»Da, schau sie dir nur an! Glaubst du jetzt immer noch, daß ich übertreibe?«

Dabei wies Frau Rossana empört auf ihre Tochter, die fürwahr eine Übertreibung war.

Margherita blickte inzwischen weinend auf den Vater, der an sie heran, oder besser, unter sie herangetreten war, um festzustellen, wie weit sie über ihn hinausgewachsen sei.

Mindestens um eineinhalb Handbreit! Aber man hätte ihr doppelt so viel zugestanden; denn es war nicht nur die Größe; oder vielmehr: die Größe an und für sich wäre nicht einmal so sehr aufgefallen, wenn sie sich nicht mit einer ungewöhnlichen Dicke, mit dem eindrucksvollen Volumen der Wangen, des Doppelkinns, des Busens und der mächtigen Hüften gepaart hätte.

In dem erstickenden Überschwang all dieses Fleisches taten sich jedoch wie bestürzt zwei klare und helle Kinderaugen auf, die Pein und Furcht zugleich erregten. Die gleiche Pein, die gleiche Furcht, die wohl ihre eigene Seele diesem gewaltigen Körper gegenüber empfand. Im selben Maß, wie dieser gewachsen war, bis er zuletzt jene ungeheuerlichen Proportionen angenommen hatte, mußte ihre erschrockene Seele klein und kleiner geworden sein und immer von einem schüchternen Verlangen heimgesucht, die kleinen, freundlichzarten Dinge zu berühren, doch zugleich von der Angst, sie unter den riesigen Händen zu zerdrücken und fast verschwinden zu lassen.

Margherita aß wie ein Vögelchen, ja man konnte sagen, daß sie beinahe überhaupt nichts mehr aß. Aber es nützte nichts! Seit mehr als zwei Jahren ging sie nicht mehr aus dem Haus, da alle auf der Straße sich umwandten und sie verwundert betrachteten. Zu Hause aber saß sie fast immer, um sich selbst den Eindruck ihrer Größe zu ersparen, die ihr alle Gegenstände im Zimmer klein und niedrig erscheinen ließ. Natürlich hatte dieser Mangel an Bewegung sie immer dicker und schwerer werden lassen; aber sie hatte sich nun schon mit ihrem Mißgeschick abgefunden; um nichts mehr mochte sie sich sorgen; an manchen Tagen kämmte sie sich nicht einmal, sondern blieb untätig liegen und las oder betrachtete ihre Fingernägel …

Poldo Carega, der vor der Abreise nach Rumänien ein lärmender und heißblütiger Bruder Lustig gewesen war, wurde unmittelbar nach seiner Rückkehr still und finster wie ein Leichenbegängnis. Ich besuchte ihn wenige Tage später, um über geschäftliche Dinge mit ihm zu verhandeln; aber er wollte mich nicht einmal anhören.

»Was soll mir jetzt noch an meinen Geschäften liegen!« rief

er kopfschüttelnd aus. »Ich habe mit allem abgeschlossen, mein Lieber!«

Jahr um Jahr hatte er unermüdlich für seine einzige Tochter und deren Zukunft gearbeitet; und von Jahr zu Jahr war seine Vaterliebe stärker und inniger geworden. Aber die Tochter hatte offenbar, seine lange Abwesenheit nutzend und im Einvernehmen mit ihrer Mutter (niemand konnte Poldo Carega ausreden, daß seine Frau eine gewisse Schuld habe), eine heimliche Wette abgeschlossen:

»Ah, deine Liebe zu mir wächst Jahr für Jahr? Warte nur, ich will dir zeigen, wie auch ich in wenigen Jahren wachse! Ich will so groß werden, daß deine Liebe mich nicht mehr umfassen kann!«

Und wirklich waren dem armen Poldo Carega die Arme herabgesunken, als er sie wiedersah! Aber nicht nur die Arme: der Mut war ihm gesunken, der Atem hatte ihm gestockt, und alle Träume, die er für sie genährt, alle Hoffnungen waren verflogen!

Ich hatte offen gestanden nicht den Mut, ihn zu trösten. Ich wußte, daß er es vier Jahre früher, bevor er nach Rumänien fuhr, nicht ungern gesehen hätte, wenn ich nach seiner Rückkehr mit seiner inzwischen herangewachsenen Tochter die Ehe eingegangen wäre. Kleinlaut schlich ich davon, sobald die Erinnerung daran in mir wach wurde, und als ich weit genug war, überließ ich mich ganz meinen bitteren Grübeleien:

Armer Carega, das ist wirklich ein heilloses Mißgeschick! Er wird es wohl verstehen: ein Mann von meiner Statur (und selbst einer, der ein wenig größer wäre) wird gewiß nicht diese Säule, diesen Obelisken zur Frau nehmen! Seien wir ehrlich: Die männliche Eigenliebe verwehrt es uns, klein scheinen zu wollen, wenn wir's nicht sind. Von den tatsächlich Kleinen ganz zu schweigen. Und Männer von ihrer Statur findet man nicht alle Tage; aber selbst wenn sich einer fände: man weiß ja, daß sehr große Männer eine Schwäche für kleine Frauen haben. Stolz auf ihre Statur, werfen sie ärgerlich grollende Blicke auf die wenigen, die es mit ihnen aufnehmen können, und gleich entdecken sie gewisse Fehler an ihnen, die sie selbstverständlich nicht haben: zu lange Beine, einen zu kleinen Kopf und so weiter. Kurz, sie leiden keine Rivalen, sie wollen allein sein. Und da sollten sie ausgerechnet eine Frau von der gleichen Größe heiraten? Wohl um den Anschein zu erwecken, als kämen sie direkt aus einer Jahrmarktsbude?

Dieselben Überlegungen mußte seit einer Weile gewiß auch die arme Margherita angestellt haben und zu dem Schluß gekommen sein, daß sie in den oberen Regionen, in die sie zu ihrem Unglück aufgestiegen war, niemals einen Mann finden würde. Eine Pappel vielleicht, einen Ahorn, eine Eiche. Aber jeder junge Mann, der sie nur sah, würde gewiß zu ihr sagen:

»Zuerst steig ein bißchen herab, meine Schöne! Steig herab, steig herab!«

Aber wie sollte die arme Margherita herabsteigen?

Es waren noch nicht drei Monate seit seiner Rückkehr nach Cesena vergangen, als Poldo Carega, der es nicht mehr ertrug, in der Stadt zu bleiben, wo sich sein Unglück so heimtückisch erfüllt hatte, mit der ganzen Familie, düster wie ein Gewitter, verzog, und über zehn Jahre hörte ich nichts mehr von ihm.

Endlich erhielt mein Vater eines schönen Tages einen Brief aus einem kleinen Ort an der Südküste Siziliens, wo Poldo Carega am Bau des Hafens arbeitete. Mein Vater sollte einen seiner Söhne schicken, der Carega zur Seite stehen sollte.

Neugierig, nach so langer Zeit Margherita wiederzusehen, ging ich hin.

Ich hatte damit gerechnet, sie düster und eiseskalt in ihren oberen Regionen anzutreffen, traurig und von ewigem Nebel umhüllt, denn sie mußte ja mittlerweile nahe an die Dreißig und folglich auf dem besten Weg sein, eine alte Jungfer zu werden.

Wie mag sie aussehen, dachte ich während der Reise. Zumindest wie die Schweizer Jungfrau!

Aber das Gegenteil war der Fall. Ausgelassen heiter fand ich sie, daß ich fast nicht meinen Augen traute, so ausgelassen, wie ich sie niemals gesehen hatte! Dicker als zuvor und ausgelassen! Aber es dauerte nicht lange, so entdeckte ich den Grund dieser Fröhlichkeit.

Als Staatsingenieur mit der Überwachung der Arbeiten am Hafen beauftragt, weilte am gleichen Ort ein kleines Männchen, kaum über einen Meter groß, kahlköpfig, kurzsichtig, dickbäuchig, aber voller Witz und immer bereit, als erster über seine winzige Statur zu lachen, ganz wie jetzt Margherita über ihre hünenhafte Größe lachte: der Ingenieur Cosimo Todi. Und dieser Cosimo Todi kam fast jeden Abend mit anderen Freunden, um auf der Terrasse Poldo Caregas zu speisen.

Afrikanische Abende! Das Meer brach sich, wenn Schirokko war, mit Ungestüm unter jener weißen Terrasse, die dann mit ihren flatternden Sonnensegeln dem Verdeck eines Schiffes glich. Man sah in der Ferne die Lichter der alten Mole, die grüne Laterne des Leuchtturms, die Lämpchen im Takelwerk der vor Anker liegenden Schiffe, und vom Hafen stieg der dichte, warme, herbe Geruch nach Salz, Moder, toten Algen, Pech und Teer herauf.

Und man plauderte, lachte und trank bis spät in die Nacht hinein auf jener weißen Terrasse, die am Abend erquickend für die sengende Hitze des Tages entschädigte. Mehr als alle aber lachten Margherita und der Ingenieur Cosimo Todi über ihr gegensätzlich-gemeinsames Mißgeschick.

Der Ingenieur Todi hatte aus demselben Grund keine Frau finden können, aus dem Margherita keinen Mann gefunden hatte.

Freilich war Todi niemals auf Brautschau gegangen, von vornherein überzeugt, er würde nicht nur eine, sondern hundert finden, die bereit wären, ihn wegen seines einträglichen Berufs zu nehmen. Vielen Dank! Aber was dann?

Nein, nein: Geist, angenehmes Wesen, Jovialität (alles Gaben, die er sich ohne die geringste Schwierigkeit zuerkannte) würden nicht genügen (wie so viele edle Freundinnen ihm einreden wollten), die drei Handbreit Körpergröße auszugleichen, die ihm fehlten.

Nein, nein: jene Gaben konnten nur deshalb einen Wert haben, weil er vierzig- bis fünfzigtausend Lire im Jahr verdiente. Und hätte er erst einmal angebissen, dann würde er sich ohne Zweifel drei Monate später von seiner Frau sagen lassen müssen, er solle doch gefälligst – mein Gott noch einmal! – seinen Geist zu Hilfe nehmen, um zu begreifen, daß sie mit einem Mann wie ihm nicht ohne einen Geliebten auskommen konnte; und um so zu tun, als merke er nichts, und sie trotz des einen oder der vielen Fälle von Verrat weiterzulieben. Und mit Hilfe seines freundlich-jovialen Wesens solle er in Gottes Namen die Tür öffnen und den Herrn oder die Herren höflich empfangen, welche ihm die Ehre erwiesen, seiner Frau den Hof zu machen.

Diese Dinge sagte und stellte der Ingenieur Cosimo Todi mit einer solchen Komik in Worten und Gebärden dar, daß alle lachten und lauter als alle Margherita Carega, die sich richtig auf ihrem Stuhl zurückwarf, um ihren ungeheuren Leib und Busen ungehindert den durch ihr Gelächter verursachten Erschütterungen zu überlassen.

Bis an einem dieser Abende Todi, um sich wieder einmal das Vergnügen zu gönnen, sie so drollig lachen zu sehen, geradeheraus verkündete, die ideale Frau für ihn sei sie, Margherita Carega.

»Sie, ja Sie! Gerade Sie!«

Es war ein Wunder, daß der Tisch auf seinen vier Beinen stehenblieb. Ich sah ihn schwanken wie bei einem Erdbeben und Gläser und Flaschen umfallen.

»Allen Ernstes, allen Ernstes ...« beteuerte Todi, indem er, unter den nicht enden wollenden Lachsalven, die Ärmchen wie schützend emporhob. »Es ist mein voller Ernst! Überlegen Sie doch nur einen Augenblick, meine Herrschaften. Es wäre die ideale Ehe! Eine wunderbare Rache an der Natur wäre es! Ja, ja! An der Natur, die sie so groß und mich so klein gemacht hat! Bedenkt doch nur: ohne Gelächter oder Erstaunen hervorzurufen, könnte weder ich eine Zwergin heiraten noch sie einen Riesen. Aber wir beide ... wir beide können sehr wohl heiraten! Und würden ein perfektes Paar abgeben, ein vollkommen ausgeglichenes Paar; denn sie hat das zuviel, was mir fehlt, und so würden wir uns gegenseitig ergänzen!«

Wir konnten nicht mehr vor Lachen: uns allen liefen die Tränen herunter, und stöhnend hielten wir uns die Seiten.

»Aber hätten Sie den Mut dazu?« schrie Todi, indem er auf einen Stuhl sprang und herausfordernd den Zeigefinger gegen Margherita richtete.

Diese stand auf, das Gesicht rot vor Lachen, und ich kann euch versichern, daß sie noch um einen Kopf größer war als er, obwohl er doch auf den Stuhl geklettert war.

»Ich den Mut?« sagte sie zu ihm. »Aber entschuldigen Sie, Mut müßten Sie wohl haben, wenn Sie mich heiraten wollten!«

Wir alle klatschten lärmend Beifall.

»Ich hab' ihn!« rief Todi. »Aber Sie werden ihn nicht haben! Wollen wir wetten?«

»Nehmen Sie die Wette an, nehmen Sie an, Fräulein Margherita!« schrien wir ihr alle aufmunternd zu. »Nehmen Sie ihn beim Wort!«

»Nun gut, ich nehme an!« antwortete sie. »Wollen sehen, wer von uns beiden es bereut!«

»Ich? Oh, ich gewiß nicht!« rief Todi aus; und vom Stuhl herabspringend, trat er tiefernst vor Poldo Carega, verbeugte sich und sagte:

»Ingenieur Carega, ich habe die Ehre, Sie um die Hand Ihrer Tochter Margherita zu bitten.«

Was dann folgte, läßt sich nicht beschreiben. Wir alle schienen wie aus dem Häuschen. War es Spaß? War es Ernst? Wer weiß! Wir taten zum Spaß, als sei es ernst. Champagner wurde bestellt, Ingenieur Todi wurde im Triumph zur Seite seiner riesenhaften Braut niedergesetzt, und die Trinksprüche und Hochzeitswünsche wollten kein Ende nehmen.

So kam, zum Spaß angetragen, im Ernst jene ideale Ehe eines Zwergen mit einer Riesin zustande.

Mut brauchten beide nicht so sehr für sich selbst, das heißt, sie, um einen Mann wie ihn, und er, um eine Frau wie sie zu ertragen, als den andern gegenüber: um dem Schabernack der Leute zu widerstehen, die sie morgen als Mann und Frau sehen würden. Aber der Ingenieur Todi und Margherita Carega hatten Witz genug, um allen Späßen die Stirn zu bieten, ja ihren Gefallen daran zu finden, als sei ihre Ehe wirklich ein Karnevalsscherz.

Ich kann euch jedoch versichern, daß das ganze Dorf zwar zuerst, wie es nur allzu natürlich war, in ein homerisches Gelächter ausbrach, daß es dann aber ihren Bund mit Wohlgefallen sah und ihn seinerseits für höchst vernünftig erachtete – einen Bund, der zwischen zwei Ungereimtheiten der Natur eine Art Gleichgewicht herstellte und so etwas wie eine gerechte, wenn auch komische Wiedergutmachung.

Ein halbes Jahr später wurde Hochzeit gefeiert. Jenes mutige Männchen wurde noch in seinen reifen Jahren und trotz seines kleinen Bauchs zum Alpinisten, das heißt, er machte sich vor Gott und den Menschen jenes Gebirge zu eigen und … – ihr lacht? – Aber ja, ihr müßt wissen, meine Lieben, daß Margherita Todi-Carega heute zwei Zwillingssöhne hat … *Parturiunt montes* … – Was glaubt ihr wohl? Zwei Mäuse?

Das habt ihr gedacht! Mit ihren zwölf Jahren sind sie schon so groß wie ihre Mutter. Margherita Todi-Carega strahlt, und triumphierend schreitet sie zwischen den beiden ihrer würdigen Kolossen einher; das altgewordene kleine Männchen freilich leidet, aber wohlgemerkt: nicht durch ihre Schuld! Sie liebt ihn, sie achtet ihn, sie ist ihm dankbar und pflegt ihn; sie ist so rücksichtsvoll zu ihm, wie es nur möglich ist. Er aber leidet, der arme Ingenieur Todi, weil ihm natürlich mit den Jahren die Neckereien der Leute lästig zu werden beginnen; weil er fürchtet, daß sie ihm in den Augen seiner Söhne schaden könnten, von denen er wie ein richtiger Vater geachtet und ernstgenommen werden will.

Die Söhne achten ihn; gleichwohl ist ihre Lage alles andere als angenehm, mit einem so winzigen Vater, der wie zum Scherz in die Welt gesetzt scheint.

Die Realität dieses Kummers ist unleugbar. Denn das Leben kann nicht immer und überall eine Farce sein. Zwei Eheleute mögen zum Lachen herausfordern, soviel sie wollen; aber unmöglich ist es, die Vaterschaft nicht ernst zu nehmen.

John Updike

Dein Liebhaber hat eben angerufen

Das Telefon klingelte, und Richard Maple, der einer Erkältung wegen an diesem Freitag zu Hause geblieben war, nahm den Hörer ab: »Hallo?« Am anderen Ende der Leitung wurde aufgelegt. Richard ging ins Schlafzimmer, wo Joan gerade das Bett machte, und sagte: »Dein Liebhaber hat eben angerufen.«

»Was hat er gesagt?«

»Nichts. Er hat aufgelegt. Er war erstaunt, daß ich zu Hause bin.«

»Vielleicht war es deine Geliebte.«

Trotz des Phlegmas, das seinen Kopf umwölkte, wußte er, daß da irgend etwas nicht stimmte, und er fand es heraus. »Wenn es *meine* Geliebte gewesen wäre«, sagte er, »warum sollte sie dann auflegen, wenn ich doch am Apparat war?«

Joan schlug das Laken aus, so daß es ein knallendes Geräusch machte. »Vielleicht liebt sie dich ja nicht mehr.«

»Was für ein lächerliches Gespräch.«

»Du hast angefangen.«

»Und was würdest du denn denken, wenn du an einem Wochentag ans Telefon gehst, und der Anrufer legt auf? Er erwartete eindeutig, daß du allein zu Hause bist.«

»Also gut, wenn du jetzt Zigaretten holen gehst, rufe ich ihn an und erkläre ihm, was los ist.«

»Du denkst, daß ich jetzt denke, du willst mich auf den Arm nehmen, aber ich weiß, daß genau das passieren würde.«

»Oha, komm, Dick. Wer sollte es schon sein? Freddie Vetter?«

»Oder Harry Saxon. Oder jemand, den ich gar nicht kenne. Ein alter Freund vom College, der nach Neuengland gezogen ist. Oder vielleicht der Milchmann. Ich höre dich manchmal mit ihm reden, während ich mich rasiere.«

»Wir sind von hungrigen Kindern umgeben. Er ist fünfzig Jahre alt, und Haare sprießen ihm aus den Ohren.«

»Wie bei deinem Vater. Du hast eine Schwäche für ältere Männer. Da war doch dieser Chaucer-Spezialist, als wir uns kennenlernten. Jedenfalls hast du in der letzten Zeit immer furchtbar glücklich getan. Du lächelst vor dich hin, wenn du deine Hausarbeit machst. Siehst du, da ist es wieder, das Lächeln!«

»Ich lächle«, sagte Joan, »weil du so verrückt bist. Ich habe keinen Liebhaber. Ich wüßte nicht, wo ich ihn unterbringen sollte. Meine Tage sind ausgefüllt damit, daß ich mich hingebungsvoll den Bedürfnissen meines Ehemannes und seiner zahlreichen Kinder widme.«

»Oh, dann bin ich es also, der dir all die Kinder gemacht hat? Während du dich nach einer Karriere als Modeschöpferin oder in der aufregenden Welt der Wirtschaft sehntest. In der Aeronautik vielleicht. Du hättest die erste Frau sein können, die eine Raketenspitze aus Titan entwickelte! Oder die den bisherigen Zyklus beim Weizenanbau sprengte! Joan Maple, Diplom-Landwirtin. Joan Maple, Geopolitikerin. Aber wegen des unzüchtigen Monsters, das sie irrtümlich heiratete, ist diese klarsichtige Bürgerin unserer stets so bedürftigen Republik ...«

»Dick, hast du Fieber gemessen? Ich habe dich seit Jahren nicht so faseln hören.«

»Ich bin seit Jahren nicht so hintergangen worden. Ich fand dieses *Klick* abscheulich. Dieses widerliche kleine Ich-kenne-deine-Frau-besser-als-du-*Klick*.«

»Es war vermutlich ein Kind. Wenn Mack heute abend zum Essen kommen soll, solltest du besser allmählich wieder gesund werden.«

»Es ist Mack, nicht? Dieser Hurensohn. Die Scheidung ist noch nicht ausgesprochen, und schon ruft er meine Frau an. Und dann schlägt er auch noch vor, sich an meinem Tisch vollzufressen, während ich leide.«

»Ich werde selber leiden. Du machst mich richtig krank.«

»Klar. Zuerst hänge ich dir Kinder an in meinem verrückten Verlangen nach Nachkommen, und dann mache ich dir Monatsbeschwerden.«

»Leg dich ins Bett. Ich bringe dir auch Orangensaft und in Streifen geschnittenen Toast, wie deine Mutter es immer gemacht hat.«

»Du bist süß.«

Während er es sich unter der Decke gemütlich machte, klingelte das Telefon wieder, und Joan nahm oben im Flur den Hörer ab. »Ja … nein … nein … gut«, sagte sie und legte auf.

»Wer war es?« rief er.

»Jemand, der uns die *World Book Encyclopedia* verkaufen wollte«, rief sie zurück.

»Hört sich sehr glaubhaft an«, sagte er mit selbstgefälliger Ironie, und legte sich auf die Kissen zurück – überzeugt, daß er ungerecht war und daß es keinen Liebhaber gab.

Mack Dennis war ein schlichter, angenehmer, schüchterner Mann in ihrem Alter, dessen Ehefrau Eleanor in Wyoming auf Scheidung klagte. Er sprach von ihr mit einer beklemmenden Zärtlichkeit, wie von einer Lieblingstochter, die zum erstenmal in einem Ferienlager ist, oder wie von einem entschwundenen Engel, der gleichwohl engen elektronischen Kontakt mit der verschmähten Erde hält. »Sie sagt, sie hätten ein paar herrliche Gewitter gehabt. Die Kinder reiten jeden

Morgen, abends spielen sie Karten, und um zehn sind sie im Bett. Gesundheitlich geht es allen besser denn je. Ellies Asthma ist verschwunden, und jetzt glaubt sie, die müsse allergisch gegen mich gewesen sein.«

»Du hättest dir alle Haare abschneiden lassen sollen und dich in Zellophan verpacken müssen«, sagte Richard zu ihm.

Joan fragte ihn: »Und wie steht es mit deiner Gesundheit? Ißt du genug? Du siehst dünn aus, Mack.«

»An den Abenden, an denen ich nicht in Boston bleibe«, sagte Mack, während er sich alle Taschen nach einem Päckchen Zigaretten abklopfte, »esse ich jetzt immer in dem Motel an der Route 33. Es ist das beste Essen in der Stadt jetzt, und du kannst den Kindern im Swimmingpool zusehen.« Er betrachtete seine leeren, nach oben gewandten Hände, als hätten sie eben noch eine Überraschung gehalten. Er vermißte seine Kinder – vielleicht war das die Überraschung.

»Ich habe auch keine Zigaretten mehr«, sagte Joan.

»Ich gehe und hole welche«, sagte Richard.

»Und irgend etwas mit Bitter Lemon aus dem Spirituosengeschäft.«

»Ich mixe inzwischen ein paar Martinis«, sagte Mack. »Ist es nicht wunderbar, daß wir wieder Martini-Wetter haben?«

Es war die Jahreszeit, in der es am Tage spätsommerlich und abends frühherbstlich ist. Der Abend senkte sich über die Stadt herab und ließ die Neonreklamen erstrahlen, als Richard sich auf den Weg machte. Sein heiserer Hals fühlte sich an, als wäre er in ihm zusammengefaltet wie ein Geheimnis; es machte ihn irgendwie unbekümmert und fröhlich, auf zu sein und draußen, nachdem er den Nachmittag im Bett verbracht hatte. Wieder zu Hause, parkte er am hinteren Zaun und ging über den Rasen, der von gefallenen Blättern raschelte, obwohl die Bäume über ihm noch dicht belaubt waren. Die erleuchteten Fenster seines Hauses wirkten golden und idyllisch; die Zimmer der Kinder befanden sich oben (das Gesicht Judiths, seiner älteren Tochter, schwebte gedankenverloren vor einem Stück Tapete vorbei, und ihre eckige rosa Hand griff nach oben, um eine Puppe in dem Regal zurechtzusetzen) und die Küche unten. In den Küchenfenstern, deren Licht fluoreszierte, wurde eine Scharade aufgeführt. Mack hielt einen Cocktailshaker in der Hand und goß den Inhalt in ein zum Teil vom Fensterrahmen verdecktes Gefäß, das Joan ihm mit langem weißem Arm hinhielt. Sie neigte anmutig den Kopf und sprach mit dem leicht vorgeschobenen Mund, der in Richards Augen typisch für sie war, wenn sie in den Spiegel sah oder sich mit ihren älteren Verwandten unterhielt oder sonst vorteilhaft zu erscheinen versuchte. Was sie gerade sagte, brachte Mack zum Lachen, so daß seine Hand beim Eingießen zitterte (der silberne Deckel des Shakers glitzerte, ein Tropfen der grünlichen Flüssigkeit wurde verschüttet). Er stellte den Shaker hin und streckte die Hände – dieselben Hände, denen vor einer Weile eine Überraschung entwichen zu sein schien – vor, in Schulterhöhe. Joan ging auf ihn zu, immer noch mit ihrem Glas in der Hand, und ihr Hinterkopf straff zu einem ovalen Knoten frisiert, mit feinen blonden Härchen im Nacken, verdeckte alles von Macks Gesicht mit Ausnahme der Augen, die sich schlossen. Sie küßten sich. Joans Kopf neigte sich zur einen Seite, Macks zur anderen, damit ihre Münder sich fester aufeinanderpressen konnten. Die anmutige Linie von Joans Schultern wurde weitergeführt durch die Linie ihres Armes, der das Glas sicher in der Luft hielt. Der andere Arm schlang sich um seinen Hals. Die offene Tür eines Schränkchens hinter ihnen ließ eine erstarrte Reihe aufrechter Pappschachteln sichtbar werden, deren Beschriftung Richard nicht lesen konnte, deren Farben jedoch ihren Inhalt verrieten – Cheerios, Wheat Honeys, Röstzwiebeln. Joan trat einen Schritt zurück und fuhr mit dem Zeigefinger Macks ganzen Schlips (ein sommerliches Schottenmuster) hinunter und beendete die Reise in der Nähe des Nabels mit einem leichten Stoß, der Zurückweisung oder auch Bedauern ausdrücken konnte. Sein Gesicht, blaß und schwammig im grellen vertikalen Licht, sah leicht amüsiert, aber auch entschlossen aus und bewegte sich zwei, drei Zentimeter auf das ihre zu. Die Szene hatte das faszinierende Zeitlupentempo von Unterwasserbewegungen, und zugleich etwas von der irren stummen Plötzlichkeit einer von der Straße aus wahrgenommenen Fernsehbildfolge. Judith kam ans Fenster oben, ohne ihren Vater zu bemerken, der im tiefen Schatten des Baumes stand. Sie trug ein Nachthemd aus zitronengelbem Tüll und kratzte sich unschuldig die Achselhöhle, während sie einen Nachtfalter beobachtete, der mit den Flügeln gegen ihr Fliegenfenster schlug; und auch das gab Richard das gewichtige, sein Herz bedrängende Gefühl, daß der stumme Akt des Zeugeseins ihn – wie ein Kind, das allein im Kino sitzt – dem verborgenen Wirken der Dinge gefährlich nahe gebracht hatte. In einem anderen Küchenfenster begann ein unbeachteter Teekessel zu dampfen und die Scheiben zu beschlagen. Joan sprach jetzt wieder; ihre vorgeschobenen Lippen schienen rasche kleine Brücken über eine schmaler werdende Kluft zu schlagen. Mack zögerte, zuckte mit den Schultern; sein Gesicht legte sich in Falten, als ob er französisch spräche. Joans Kopf schnellte zurück vor Lachen, und triumphierend warf sie den freien Arm nach vorn und war wieder in seiner Umarmung. Seine Hand, wie ein Stern auf ihrem schmalen Rücken ausgebreitet, schob sich nach unten, verschwand hinter der Kante der Arbeitsfläche aus Kunststoff und lag nun vermutlich auf ihrem Hintern.

Richard schlurfte so laut wie möglich die Betonstufen hinunter und stieß mit dem Fuß die Küchentür auf, um ihnen

Zeit zu geben, auseinanderzugehen, bevor er eintrat. Vom anderen Ende der Küche her, kleiner als Kinder, sahen sie ihn mit verschwommenen, leeren Gesichtern an. Joan stellte den dampfenden Kessel ab, und Mack trottete auf ihn zu, um die Zigaretten zu bezahlen. Nach der dritten Martini-Runde löste sich die Befangenheit, und Richard sagte, die anklagende Heiserkeit seiner Stimme genießend: »Stellt euch mein Unbehagen vor. Krank, wie ich bin, gehe ich in die unfreundliche Nacht hinaus, um für meine Frau und meinen Gast Zigaretten zu besorgen, damit sie die Luft verschmutzen und den ohnehin schon ernsten Zustand meiner Bronchien noch verschlimmern können, und als ich durch den Garten zurückkomme, was seh ich da? Die beiden inszenieren das Kamasutra in meiner eigenen Küche. Es war, als sähe man einen Pornofilm, dessen Darsteller man kennt.«

»Wo siehst du heutzutage Pornofilme?« fragte Joan.

»Pah, Dick«, sagte Mack einfältig und rieb sich die Hüften in einer schnellen, bügelnden Bewegung. »Bloß ein brüderlicher Kuß. Eine brüderliche Umarmung. Ein uneigennütziger Tribut an den Charme deiner Frau.«

»Wirklich, Dick«, sagte Joan, »ich finde es schockierend und gemein von dir, draußen herumzulungern und in deine eigenen Fenster zu spähen.«

»Herumzulungern! Ich war starr vor Entsetzen. Es war ein regelrechtes Trauma. Meine erste Ur-Szene.« Ein tiefes Glücksgefühl dehnte ihn von innen her; die Reichweite seiner Worte und seines Witzes kam ihm unermeßlich vor, und die beiden anderen waren wie Puppen, wie Homunculi, die er fest in seiner Hand hatte.

»Wir haben so gut wie nichts gemacht«, sagte Joan und reckte den Kopf, als sei sie über all das erhaben; die Anspannung ließ die schöne Linie ihres Unterkiefers deutlich hervortreten, ihre Lippen schmollten.

»Oh, ich bin überzeugt, daß ihr nach euren Maßstäben kaum angefangen hattet. Ihr habt den möglichen Reichtum an Koitusstellungen kaum erst ausprobiert. Habt ihr gedacht, ich würde nie zurückkommen? Habt ihr meinen Drink vergiftet, und ich bin zu zäh zum Sterben, wie Rasputin?«

»Dick«, sagte Mack. »Joan liebt dich. Und wenn ich einen Mann liebe, dann dich. Joan und ich haben die Sache schon vor Jahren ausgefochten und beschlossen, nur gute Freunde zu sein.«

»Komm mir nicht irisch, Mack Dennis. ›Wenn ich einen Mann liebe, dann dich!‹ Verschwende keinen Gedanken an mich, Junge. Denk lieber an die arme Eleanor da hinten, wie sie auf die Scheidung von dir wartet und Tag für Tag auf diesen Gäulen rumhopst und Karten spielt, bis sie schwarz und blau wird …«

»Laßt uns essen«, sagte Joan. »Du hast mich so nervös gemacht, daß ich das Roastbeef wahrscheinlich zu lange gebraten habe. Wirklich, Dick, ich finde, du kannst dich nicht damit entschuldigen, daß du jetzt versuchst, es ins Lächerliche zu ziehen.«

Am nächsten Tag wachten die Maples verbittert und verkatert auf. Mack war bis zwei geblieben, um sich zu vergewissern, daß keinerlei Groll mehr bestand. Joan spielte am Sonnabendmorgen gewöhnlich mit anderen Damen Tennis, während Richard sich um die Kinder kümmerte; heute schon in weißen Shorts und Tennisschuhen, zögerte sie ihren Aufbruch hinaus, um zu streiten. »Es ist wirklich schrecklich von dir«, sagte sie zu Richard, »daß du versuchst, Mack und mir etwas anzudichten. Was willst du damit vertuschen?«

»Meine liebe Mrs. Maple, ich *sah* es«, sagte er, »ich *sah* durch meine eigenen Fenster, wie du eine sehr überzeugende

Darstellung einer weiblichen Spinne, die sich den Unterleib kitzeln läßt, gabst. Wo hast du gelernt, so mit deinem Kopf zu flirten? Es war besser als Handpuppen.«

»Mack küßt mich immer in der Küche. Es ist eine Angewohnheit, es hat nichts zu bedeuten. Du weißt selbst, wie sehr er Eleanor liebt.«

»So sehr, daß er sich von ihr scheiden läßt. Seine Ergebenheit grenzt an Donquichotterie.«

»Die Scheidung ist ihre Idee, das weißt du. Er ist ein armer Kerl. Er tut mir leid.«

»Ja, das habe ich gesehen. Du warst wie das Rote Kreuz bei Verdun.«

»Ich wüßte ja nur gern, warum du dich so freust.«

»Ich mich freuen? Ich bin vernichtet.«

»Du bist entzückt. Betrachte dir dein Lächeln im Spiegel.«

»Du bist so unglaublich verstockt, daß ich schon annehme, es kann nur Ironie sein.«

Das Telefon klingelte. Joan nahm den Hörer ab und sagte »Hallo«, und Richard hörte das Klicken durch den ganzen Raum. Joan legte den Hörer wieder auf und sagte zu ihm: »Aha. Sie dachte, ich wäre schon fort, zum Tennisspielen.«

»Wer ist sie?«

»Das mußt du mir sagen. Deine Geliebte. Deine Liebhaberin.«

»Es war bestimmt dein Liebhaber, und irgend etwas in deiner Stimme hat ihn gewarnt.«

»Geh doch zu ihr!« schrie Joan plötzlich, in einem Ausbruch der gleichen trotzigen Energie, mit der sie an anderen verkaterten Vormittagen Berge von Hausarbeit bewältigte. »Geh zu ihr wie ein Mann und hör endlich auf, mich in etwas hineinzumanövrieren, was ich nicht verstehe! Ich habe keinen Liebhaber! Ich habe mich von Mack küssen lassen, weil er einsam und betrunken war! Hör endlich auf, mich interessanter zu machen, als ich bin! Ich bin nur eine völlig erledigte Hausfrau, die mit ein paar anderen abgespannten Frauen Tennis spielen möchte!«

Schweigend holte Richard aus dem Sportsachenschrank ihren Tennisschläger, der vor kurzem neu mit Naturdarm bespannt worden war. Er trug ihn mit dem Mund, wie ein Hund, der einen Stock apportiert, und legte ihn vor ihrem Tennisschuh ab. Richard, ihr älterer Sohn, ein sehniger Neunjähriger, der zur Zeit wie ein Besessener Batman-Karten sammelte, kam ins Wohnzimmer, wurde Zeuge dieser Pantomime und lachte, um seine Angst zu verbergen. »Dad, kann ich meine fünf Cent fürs Leeren der Papierkörbe haben?«

»Mommy geht Tennisspielen, Dickie«, sagte Richard und leckte den salzigen Geschmack des Tennisschlägers von seinen Lippen. »Wollen wir alle zusammen zum Fünf-Cent-Shop gehen und ein Batmobil kaufen?«

»Yippee«, sagte der kleine Junge mit matter Stimme und sah mit großen Augen zwischen seinen Eltern hin und her, als ob der Abstand zwischen ihnen plötzlich verräterisch geworden wäre.

Richard ging mit den Kindern in den Fünf-Cent-Shop, auf den Spielplatz und mittags zu einem Kiosk, wo es Hamburger gab. Diese unschuldigen Unternehmungen verwandelten die Rückstände von Alkohol und Trägheit in wollige Mattigkeit, so rein wie der Schlaf kleiner Kinder. Höflich nickte er, als sein Sohn ihm eine unendliche Geschichte erzählte: » ...und dann, weißt du was, Dad, dann hatte der Pinguin einen Schirm, aus dem Rauch herauskam, das war toll, und dann waren da diese beiden anderen Kerle mit den komischen Masken in der Bank und ließen sie mit Wasser vollaufen, ich weiß nicht warum, damit sie auseinanderplatzte oder so, und Robin kletterte über diese rutschigen Stapel von halben Dollars, oder was das war, um von dem Wasser wegzukommen, und dann, weißt du was, Dad …«

Wieder zu Hause, zerstreuten sich die Kinder in der Nachbarschaft, wobei sie der gleichen geheimnisvollen Strömung folgten, die an anderen Tagen den Garten hinter dem Haus mit unbekannten Bengeln füllte. Joan kam schweißglänzend und mit staubbedeckten Fußknöcheln vom Tennis zurück. Ihr Körper schwamm im rosigen Nachglühen der Anstrengung. Er schlug vor, sie sollten ein Mittagsschläfchen machen.

»Nur ein Schläfchen«, sagte sie warnend.

»Natürlich«, sagte er. »Ich habe meine Geliebte auf dem Spielplatz getroffen, und wir haben einander auf dem Abenteuerspielplatz befriedigt.«

»Marlene und ich haben Alice und Liz geschlagen. Von den dreien kann es keine gewesen sein, sie haben eine halbe Stunde auf mich gewartet.«

Im Bett – die Jalousien seltsamerweise gegen den hellen Nachmittag heruntergezogen, in einem Glas abgestandenen Wassers stiegen verstohlen Lichtblasen auf – fragte er sie: »Du glaubst, ich möchte dich interessanter machen, als du bist?«

»Natürlich. Du langweilst dich. Du hast mich und Mack absichtlich allein gelassen. Es war ganz und gar untypisch für dich, mit einer Erkältung rauszugehen.«

»Es ist traurig, dich in Gedanken ohne einen Liebhaber zu sehen.«

»Tut mir leid.«

»Du bist trotzdem ganz schön interessant. Hier, und hier, und hier.«

»Ich sagte doch: nur ein Schläfchen.«

Im oberen Flur, jenseits der geschlossenen Schlafzimmertür, klingelte das Telefon. Nach viermaligem Klingeln – eisige

Speere, von fern her geschleudert – hörte es auf; niemand war an den Apparat gegangen. Es entstand eine ratlose Pause. Dann ein zögerndes, fragendes Ping, als ob jemand im Vorübergehen an den Tisch gestoßen wäre, dem eine entschlossene Serie folgte, schrille Töne, gebieterisch und klagend, die erst nach dem zwölftenmal aufhörten; dann wurde am anderen Ende der Leitung aufgelegt.

Kurt Tucholsky

Ein Ehepaar erzählt einen Witz

F: »Herr Panter, wir haben gestern einen so reizenden Witz gehört, den *müssen* wir Ihnen ... also den *muß* ich Ihnen erzählen. Mein Mann kannte ihn schon ... aber er ist zu reizend. Also passen Sie auf.

Ein Mann, Walter, streu nicht den Tabak auf den Teppich, da! Streust ja den ganzen Tabak auf den Teppich, also ein Mann, nein, ein Wanderer verirrt sich im Gebirge. Also der geht im Gebirge und verirrt sich, in den Alpen. Was? In den Dolomiten, also nicht in den Alpen, ist ja ganz egal. Also er geht da durch die Nacht, und da sieht er ein Licht, und er geht grade auf das Licht zu ... laß mich doch erzählen! das gehört dazu! ... geht drauf zu, und da ist eine Hütte, da wohnen zwei Bauersleute drin. Ein Bauer und eine Bauersfrau. Der Bauer ist alt, und sie ist jung und hübsch, ja, sie ist jung. Die liegen schon im Bett. Nein, die liegen noch nicht im Bett ...«

M: »Meine Frau kann keine Witze erzählen. Laß mich mal. Du kannst nachher sagen, obs richtig war. Also nun werde ich Ihnen das mal erzählen.

Also, ein Mann wandert durch die Dolomiten und verirrt sich. Da kommt er – du machst einen ganz verwirrt, so ist der Witz gar nicht. Der Witz ist ganz anders. In den Dolomiten, so ist das! In den Dolomiten wohnt ein alter Bauer mit seiner jungen Frau. Und die haben gar nichts mehr zu essen; bis zum nächsten Markttag haben sie bloß noch eine Konservenbüchse mit Rindfleisch. Und die sparen sie sich auf. Und da kommt ... wieso? Das ist ganz richtig! Sei mal still ..., da kommt in der Nacht ein Wandersmann, also da klopft es an die Tür, da steht ein Mann, der hat sich verirrt, und der bittet um Nachtquartier. Nun haben die aber gar kein Quartier, das heißt, sie haben nur ein Bett, da schlafen sie zu zweit drin. Wie? Trude, das ist doch Unsinn … Das kann sehr nett sein!«

F: »Na, ich könnte das nicht. Immer da einen, der – im Schlaf strampelt …, also ich könnte das nicht!«

M: »Sollst du ja auch gar nicht. Unterbrich mich nicht immer.«

F: »Du sagst doch, das wär nett. Ich finde das nicht nett.«

M: »Also …«

F: »Walter! Die Asche! Kannst du denn nicht den Aschbecher nehmen?«

M: »Also … der Wanderer steht da nun in der Hütte, er trieft vor Regen, und er möchte doch da schlafen. Und da sagt ihm der Bauer, er kann ja in dem Bett schlafen, mit der Frau.«

F: »Nein, so war das nicht. Walter, du erzählst es ganz falsch! Dazwischen, zwischen ihm und der Frau – also der Wanderer in der Mitte!«

M: »Meinetwegen in der Mitte. Das ist doch ganz egal.«

F: »Das ist gar nicht egal … der ganze Witz beruht ja darauf.«

M: »Der Witz beruht doch nicht darauf, wo der Mann schläft!«

F: »Natürlich beruht er darauf! Wie soll denn Herr Panter den Witz so verstehen … laß mich mal – ich werd ihn mal erzählen! – Also der Mann schläft, verstehen Sie, zwischen dem alten Bauer und seiner Frau. Und draußen gewittert es. Laß mich doch mal!«

M: »Sie erzählt ihn ganz falsch. Es gewittert erst gar nicht, sondern die schlafen friedlich ein. Plötzlich wacht der Bauer auf und sagt zu seiner Frau – Trude, geh mal ans Telefon, es klingelt. – Nein, also das sagt er natürlich nicht … Der Bauer sagt zu seiner Frau … Wer ist da? Wer ist am Telefon? Sag ihm, er soll später noch mal anrufen – jetzt haben wir keine Zeit! Ja. Nein. Ja. Häng ab! Häng doch ab!«

F: »Hat er Ihnen den Witz schon zu Ende erzählt? Nein, noch nicht? Na, erzähl doch!«

M: »Da sagt der Bauer: Ich muß mal raus, nach den Ziegen sehn – mir ist so, als hätten die sich losgemacht, und dann haben wir morgen keine Milch! Ich will mal sehn, ob die Stalltür auch gut zugeschlossen ist.«

F: »Walter, entschuldige, wenn ich unterbreche, aber Paul sagt, nachher kann er nicht anrufen, er ruft erst abends an.«

M: »Gut, abends. Also der Bauer – nehmen Sie doch noch ein bißchen Kaffee! – Also der Bauer geht raus, und kaum ist er rausgegangen, da stupst die junge Frau …«

F: »Ganz falsch. Total falsch. Doch nicht das erstemal! Er geht raus, aber sie stupst erst beim drittenmal – der Bauer geht nämlich dreimal raus – das fand ich so furchtbar komisch! Laß mich mal! Also der Bauer geht raus, nach der Ziege sehn, und die Ziege ist da; und er kommt wieder rein.«

M: »Falsch. Er bleibt ganz lange draußen. Inzwischen sagt die junge Frau zu dem Wanderer –«

F: »Gar nichts sagt sie. Der Bauer kommt rein …«

M: »Erst kommt er nicht rein!«

F: »Also … der Bauer kommt rein, und wie er eine Weile schläft, da fährt er plötzlich aus dem Schlaf hoch und sagt: Ich muß doch noch mal nach der Ziege sehen – und geht wieder raus.«

M: »Du hast ja ganz vergessen, zu erzählen, daß der Wanderer furchtbaren Hunger hat!«

F: »Ja. Der Wanderer hat vorher beim Abendbrot gesagt, er hat so furchtbaren Hunger, und da haben die gesagt, ein bißchen Käse wäre noch da …«

M: »Und Milch!«

F: »Und Milch, und es wär auch noch etwas Fleischkonserve da, aber die könnten sie ihm nicht geben, weil die eben bis zum nächsten Markttag reichen muß. Und dann sind sie zu Bett gegangen.«

M: »Und wie nun der Bauer draußen ist, da stupst sie den, also da stupst die Frau den Wanderer in die Seite und sagt: Na ...«

F: »Keine Spur! Aber keine Spur! Walter, das ist doch falsch! Sie sagt doch nicht: Na ...!«

M: »Natürlich sagt sie: Na ...! Was soll sie denn sagen?«

F: »Sie sagt: Jetzt wäre so eine Gelegenheit ...«

M: »Sie sagt im Gegenteil: Na ... und stupst den Wandersmann in die Seite ...«

F: »Du verdirbst aber wirklich jeden Witz, Walter!«

M: »Das ist großartig! Ich verderbe jeden Witz? *Du* verdirbst jeden Witz – ich verderbe doch nicht jeden Witz! Da sagt die Frau ...«

F: »Jetzt laß *mich* mal den Witz erzählen! Du verkorkst ja die Pointe ...!«

M: »Also jetzt mach mich nicht böse, Trude! Wenn ich einen Witz anfange, will ich ihn auch zu Ende erzählen ...«

F: »Du hast ihn ja gar nicht angefangen ... *ich* habe ihn angefangen!« – »Das ist ganz egal – jedenfalls will ich die Geschichte zu Ende erzählen; denn du kannst keine Geschichten erzählen, wenigstens nicht richtig!« – »Und ich erzähle eben meine Geschichten nach meiner Art und nicht nach deiner, und wenn es dir nicht paßt, dann mußt du eben nicht zuhören ...!« – »Ich will auch gar nicht zuhören ... ich will sie zu Ende erzählen – und zwar so, daß Herr Panter einen Genuß von der Geschichte hat!« – »Wenn du vielleicht glaubst, daß es ein Genuß ist, dir zuzuhören ...« – »Trude!« – »Nun sagen Sie, Herr Panter – ist das auszuhalten! Und so nervös ist er schon die ganze Woche ... ich habe ...« – »Du bist ...« – »Deine Unbeherrschtheit ...« – »Gleich wird sie sagen: Komplexe! Deine Mutter nennt das einfach schlechte Erziehung ...« – »Meine Kinderstube ...!« – »Wer hat denn die Sache beim Rechtsanwalt rückgängig gemacht? Wer denn? Ich vielleicht? Du! Du hast gebeten, daß die Scheidung nicht ...« – »Lüge!« – Bumm: Türgeknall rechts. Bumm: Türgeknall links.

Jetzt sitze ich da mit dem halben Witz.

Was hat der Mann zu der jungen Bauersfrau gesagt?

Ludwig Thoma

DER CHRISTABEND

Eine Familiengeschichte

Bei Oberstaatsanwalt Saltenberger hatten sie drei Töchter, Emerentia, Rosalie und Marie.

Alle im höchsten Grade fähig und entschlossen, dem ledigen Stande zu entsagen.

Das herannahende Weihnachtsfest brachte die geliebten Eltern auf den Gedanken, daß sie ihre Kinder am besten mit Männern bescheren würden, und sie überlegten lange, wie dieses zu ermöglichen wäre.

Mama Saltenberger meinte, ihr Mann sollte seine hervorragende Beamtenstellung in die Waagschale werfen und jüngere Kollegen durch die Macht seines Ansehens an ihre staatsbürgerlichen Pflichten erinnern. Saltenberger war nicht prinzipiell abgeneigt, aber er betonte, daß dieser Einfluß nur in ganz familiären Grenzen ausgeübt werden dürfe, und daß man in der Wahl der Objekte sehr vorsichtig sein müsse.

In geheimer Beratung wurde zur engeren Wahl der zukünftigen Familienmitglieder geschritten.

Beide Eheleute einigten sich zunächst auf Karl Mollwinkler, zweiter Staatsanwalt. Er war ziemlich abgelebt, und sein kränklicher Zustand ließ hoffen, daß er sich nach der Pflege einer geliebten Frau sehne.

Als zweiter ging Sebald Schneidler, königlicher Landgerichtssekretär, durch.

Nicht ohne Widerspruch. Frau Saltenberger fand die Stellung denn doch etwas subaltern. Ihr Mann hatte Mühe, sie zu überzeugen, daß die gegenwärtige Zeitrichtung die

Standesunterschiede einigermaßen nivelliert habe, und daß speziell in Heiratsfragen eine zu strenge Auffassung von Übel sei.

Schließlich kam man dahin überein, daß Schneidler sich in Anbetracht seiner sozialen Verhältnisse mit der ältesten Tochter, der vierunddreißigjährigen Emerentia zu begnügen habe.

Die Aufstellung des dritten Kandidaten bereitete Schwierigkeiten.

Unter den Juristen fand sich trotz sorgfältigster Prüfung keiner mehr, der des Vertrauens würdig gewesen wäre.

Man mußte wohl oder übel in eine andere Sparte hinübergreifen.

Aber auch da zeigten sich überall unüberwindliche Schwierigkeiten, und schon wollte der Oberstaatsanwalt an der gestellten Aufgabe verzweifeln, als im letzten Moment Frau Saltenberger den rettenden Gedanken faßte.

»Weißt du was, Andreas«, sagte sie, »wir nehmen einfach einen von der Post. Da sind die meisten Chancen, denn fast alle Verlobungen, welche man an Weihnachten in der Zeitung liest, gehen von Postadjunkten aus.«

Dieses leuchtete ihrem Manne ein, und er gab seine Zustimmung zur Wahl des Postadjunkten Jakob Geiger. Somit war die Sache gediehen; es galt nunmehr, die zur Bescherung Vorgemerkten unter die drei Töchter zu verteilen.

Und das war das Schwierigste.

Der Friede wich aus dem Hause des Oberstaatsanwalts Saltenberger.

Emerentia brach in Tränen aus, als die Eltern von dem Plane sprachen; sie sei immer das Stiefkind gewesen, die anderen Fratzen habe man verhätschelt und verzogen, nur sie sei mißhandelt worden und jetzt solle sie sich mit einem Sekretär begnügen.

Vielleicht müsse sie noch Komplimente machen vor dem ekelhaften Ding, der Rosalie, die man natürlich zur Frau Staatsanwalt nehme, obwohl sie die Dümmste von allen sei. Aber nein! nein! und nein! Da kenne man sie schlecht. Sie lasse nicht auf sich herumtrampeln, und lieber verhindere sie den Plan, so daß gar keine einen Mann erwische, als daß sie sich mit dem Affen von einem Sekretär abfinden lasse.

Ihr Widerstand war leidenschaftlich, aber nicht schlimmer als derjenige von Marie, welcher man den Postadjunkten zugedacht hatte. Sie war die Jüngste und durfte billig annehmen, daß sie auf dem Heiratsmarkte die besten Preise erzielen könne. Allerdings schielte sie, aber sie sagte sich, daß ein verständiger Mann solche Kleinigkeiten nicht beachte. Zudem, lieber schielen, als einen Kropf haben, wie Emerentia oder schlechte Zähne, wie Rosalie.

Papa Saltenberger hatte böse Tage; während er auf dem Bureau weilte, sammelte sich daheim eine unglaubliche Menge Sprengstoff an, welcher regelmäßig beim Mittagstisch explodierte.

So ging das nicht. Die Eltern beschlossen, die drei Herren als Ganzes zu bescheren und die Wahl den Kindern zu überlassen.

Auf diese Weise hatten wenigstens sie Ruhe gefunden, wenngleich der Krieg unter den Schwestern fortdauerte. Emerentia stickte in heimlicher Abgeschlossenheit an einem Paar Pantoffeln, und bei jedem Stich wurde sie fester entschlossen, dieselben nur dem zweiten Staatsanwalt Mollwinkler zum Zeichen ihrer Liebe an die Füße zu stecken.

Rosalie häkelte einen Tabakbeutel, Marie strickte wollene Handschuhe.

Und jede wußte, wem sie die Gabe weihen würde. Alle drei zogen die Mutter ins Vertrauen, und da Frau Saltenberger einen gutmütigen Charakter hatte, sagte sie zu jeder verstohlen: »Kindchen, Kindchen, ich seh' dich noch als Frau Staatsanwalt.«

Und jede war glücklich darüber. Erstens überhaupt, und dann, weil die zwei anderen Maulaffen vor Neid bersten würden.

So kam allmählich das heilige Weihnachtsfest heran mit seinem unvergeßlichen Zauber für die Familie, jener Tag, an welchem die Junggesellen so ganz besonders Sehnsucht empfinden nach einem schöneren Lose, nach einer liebenden Gattin und nach Kindern, welche mit ihren Spielzeugen um den Christbaum tanzen.

O, welche Gefühle walteten in dem Hause des Oberstaatsanwalts Andreas Saltenberger!

Das war ein Raunen und Flüstern, ein geheimnissvolles Weben, ein Hin und Her, von einem Zimmer in das andere, bis endlich um sieben Uhr Vater und Mutter und die drei Töchter sich im Salon versammelten, festlich geschmückt und sehr erwartungsvoll.

Jede der Schwestern erregte durch ihr reizendes Aussehen die Freude der Eltern und das verächtliche Mitleid der beiden anderen.

Es läutete. Das Dienstmädchen eilte zur Türe, im Salon hielten fünf Menschen den Atem an. Wer kam?

Eine tiefe Stimme, unverständlich, dann schlurfte das Mädchen zurück und übergab dem hastig öffnenden Papa einen Brief. Aufreißen und lesen. Sekretär Schneidler sagt mit bestem Dank ab, da er heimreise. Die drei Schwestern atmeten auf. Auf diesen Menschen hatte keine reflektiert. Es läutete wieder. Das Dienstmädchen überbrachte einen zweiten Brief.

Die Absage des Herrn Staatsanwalts Mollwinkler wegen Unwohlseins.

Drei Lebenshoffnungen waren vernichtet; der Vater blickte die Mutter an, die Schwestern bissen sich auf die Lippen, und ihr Schmerz wäre unerträglich gewesen, wenn sich nicht ein klein wenig Freude an der Enttäuschung der anderen darein gemengt hätte.

Was tun? Papa Saltenberger raffte sich auf und sagte mit erzwungener Höflichkeit: »Wozu auch fremde Menschen? Nun wollen wir das Fest so recht unter uns begehen!«

Da läutete es wieder. Und diesmal kam der königliche Postadjunkt Geiger, welcher noch niemals abgesagt hatte.

Er hatte es nicht zu bereuen. Er war der verhätschelte Liebling der Familie; er bekam ein Paar Pantoffeln, einen Tabakbeutel und wollene Handschuhe, viele Süßigkeiten, Äpfel und Nüsse.

Er trank einen sehr guten Wein und einen famosen Punsch, er aß Rheinsalm, Rehbraten und Pudding und bewunderte die Freigebigkeit der Familie, welche für ihn allein so reichlich auftragen ließ.

Er sagte allen Damen Liebenswürdigkeiten und ließ sich von jeder in der gehobenen Stimmung auf die Füße treten.

Und als er ziemlich betrunken den Heimweg antrat, sagte er sich, daß das Familienleben doch sein Gutes, besonders hinsichtlich der leiblichen Genüsse habe.

Und er verlobte sich am Sylvesterabend mit der wohlhabenden Witwe Reisenauer, welche ein gut gehendes Geschäft am Marktplatz hatte.

Wolfgang Körner

EHEFESTIGKEITS-HÄRTETEST NR. 1 (FÜR BEIDE GESCHLECHTER)

Das Grundwissen über das Wesen der Ehe

(Kreuzen Sie die hinter Ihrer Antwort angegebenen Punktzahlen an. Zu jedem Fragenkomplex ist nur eine Antwort möglich. Addieren Sie mit Hilfe einer Rechenmaschine anschließend sämtliche von Ihnen erzielten Punkte. Die Gesamtpunktzahl gibt jeweils Auskunft über einen wichtigen Teilbereich Ihrer Ehefähigkeit.)

1. Die Ehe ist a) ein unauflösliches Sakrament (5), b) ein Versuch, die menschliche Sexualität zu reduzieren (50), c) eine Institution zur Ausbeutung des Mannes / der Frau (100), d) ein Abenteuer mit ungewissem Ausgang (500).

2. Ich will heiraten / habe geheiratet, weil ich a) ein aufregenderes Sexualleben will (50), b) weil inzwischen die meisten meiner Freunde / Freundinnen verheiratet sind (5), c) damit mein Freund / meine Freundin keine(n) andere(n) heiratet (100), d) weil wir uns beide Kinder wünschen (500), e) ich lebenslang versorgt werden möchte (0).

3. Wenn mein Mann / meine Frau außereheliche Beziehungen aufnehmen sollte, a) mache ich ihm / ihr eine Eifersuchtsszene (5), b) ziehe ich aus und reiche die Scheidungsklage ein (100), c) tausche ich mit dem Freund meiner Frau Computerprogramme bzw. mit der Freundin

meines Mannes Kochrezepte (500), d) schlage ich eine Nacht zu dritt vor (50).

4. Wenn mein Mann / meine Frau sich scheiden lassen will, a) versuche ich das zu verhindern und werfe mich vor der Scheidung hinter einen Zug (5), b) bin ich froh, weil ich längst mit einem / einer anderen zusammenziehen will (50), c) kümmere ich mich um Zugewinn-, Versorgungsausgleichs- sowie Unterhaltsansprüche bzw. -verpflichtungen und halte nach einem neuen Ehemann / einer neuen Ehefrau Ausschau (500), d) kämpfe ich um meinen Mann / meine Frau mit allen erlaubten und unerlaubten Mitteln (100).

5. Die Angehörigen, Bekannten und früheren Freunde / Freundinnen meines Mannes / meiner Frau a) haben mit mir und unserer Ehe nichts zu tun und in unserem trauten Heim nichts zu suchen (5), b) sind mir höchst willkommen, vielleicht ist einer für einen Seitensprung geeignet (50), c) können vielleicht auch meine Freunde werden, ich gucke sie mir auf alle Fälle mal an (500), d) sind ein lästiges, aber unvermeidliches Übel. Ich toleriere sie so gut wie möglich (100).

Testergebnis:

25 bis 100

Haben Sie bisher auf einem anderen Planeten bzw. in der Reader's-Digest-Welt gelebt? Ihre Ansichten stammen aus dem vorigen Jahrhundert, und wenn Sie keinen Partner für eine gemeinsame Zeitreise in die Vergangenheit finden bzw. gefunden haben, werden Sie in der Ehe unglücklich.

250 bis 300

Sind Sie ein Sexmaniac bzw. eine Nymphomanin? Sie sind für die Ehe denkbar ungeeignet bzw. nur für eine Ehe von höchstens zwei Jahren Dauer geschaffen. Warum wollen Sie denn heiraten oder haben sogar geheiratet? Was Sie wollen, bekommen Sie auch ohne Ehe. Wenn Sie Furcht vor AIDS haben – warum kaufen Sie sich keine aufblasbare Gefährtin bzw. einen guten Vibrator?

500 bis 750

Ihre Auffassungen sind ziemlich durchschnittlich, und Sie erscheinen für eine mehr oder weniger durchschnittliche Ehe gut geeignet. Sehen Sie sich nach einem gleichfalls durchschnittlichen Partner um, wenn Sie ihn nicht schon haben. Stellen Sie als Frau möglichst schnell die Geburt des ersten Kindes sicher bzw. richten Sie sich als Mann so schnell wie möglich ein geheimes Bankkonto im Ausland ein. 50% der Durchschnittsehen scheitern in den ersten vier Jahren.

2000 bis 2500

Bingo! Auch wenn man in einer Ehe niemals vor Überraschungen sicher sein kann, Ihre Auffassungen und Erwartungen von der Ehe erscheinen realistisch. Wenn Sie bei der Wahl Ihres Ehemannes / Ihrer Ehefrau genauso sorgfältig vorgehen oder vorgegangen sind wie bei diesem Test, dürfte es nicht an Ihnen liegen, falls Ihre Ehe scheitern sollte. Wagen Sie danach ruhig noch zwei weitere Versuche. Sie sind die ideale Ehefrau / der ideale Ehemann. Jedenfalls nach Ihrem Ergebnis des ersten Härtetests. Freuen Sie sich aber nicht zu früh darüber. Wie in der Ehe folgt im Einzig wahren Eheberater auf jeden Test der nächste.

Robert Gernhardt

Die Lust kommt

Als dann die Lust kam, war ich nicht bereit.
Sie kam zu früh, zu spät, kam einfach nicht gelegen.
Ich hatte grad zu tun, deswegen
war ich, als da die Lust kam, nicht bereit.

Die Lust kam unerwartet. Ich war nicht bereit.
Sie kam so kraß, so unbedingt, so eilig.
Ich war ihr nicht, nicht meine Ruhe, heilig.
Da kam die Lust, und ich war nicht bereit.

Die Lust war da, doch ich war nicht bereit.
Sie stand im Raum. Ich ließ sie darin stehen.
Sie seufzte auf und wandte sich zum Gehen.
Noch als sie wegging, tat es mir kaum leid.
Erst als sie wegblieb, blieb mir für sie Zeit.

Barbara Bronnen

Zum Seitensprung

Von den menschlichsten und verzeihlichsten aller menschlichen Sünden, so könnte der Untertitel für diese Kostproben erlesenster Autorinnen und Autoren lauten, denn sie behandeln diese Übungen des Geistes und des Herzens, mit denen so mancher im Ehetrott Verharrende sich elastisch hält, mit liebevoller Ausführlichkeit und didaktischer Unterweisung. Wieviel Wissenswertes Lesen uns doch vermittelt! Wer dieses Buch zur Hand nimmt, sollte auf die Einzelheiten achten, all die vergnüglichen Kleinigkeiten, aus denen sich so ein Seitensprung zusammensetzt. Wer da mit einer vorgefaßten Meinung herangeht, daß ein Seitensprung einfach und rasch zu erledigen sei, weiß nichts von der Hohen Kunst, die ihm innewohnt. Wir sollten immer daran denken, daß mit jedem Seitensprung uns eine neue Welt zugänglich gemacht wird, und wir sollten ihr uns offen und wißbegierig nähern, um sie uns so genau wie möglich zu erschließen, bis ins Detail. Erst nach gründlicher Erforschung der Techniken des Seitensprungs dürfen wir ihn ausüben und erst nach gelungenem ersten auch zum zweiten übergehen – sonst erwischt uns ein Seitenwind oder wir bekommen jenen stechenden Schmerz in der Rippengegend, der uns bei körperlicher Überlastung blüht und den wir Seitenstechen nennen.

Kaum ein Aspekt der Liebe ist mit so gründlicher Phantasiearbeit verknüpft wie der Seitensprung, einer so gründlichen Vergessensarbeit, daß wir uns anschließend dem eigentümlichen Prozeß der Anamnese ausgesetzt sehen: wir können uns an das Davor und Danach erinnern, doch nie an das Dazwischen – auch dies eine Lücke, die gute Literatur aufs beste schließt.

Der Schriftsteller, dieser schöpferische Mensch, der akribisch den Seitensprung rekonstruiert und mittels einer inneren Kartei erfaßt, gibt den ihr innewohnenden Kräften den Namen. Der Apfel führt geradewegs ins Paradies.

Doch da es bei allen Seitensprüngen mindestens drei Menschen gibt, jenen, der springt, jenen, von dem er wegspringt und jenen, auf den er springt, wollen wir uns mal ansehen, für wen dieser Sprung das Richtige ist: nur für den Springer und die Besprungene, glauben Sie? Oh, weit gefehlt, zeigt sich doch der Springer meist in erhöhter Liebe und Potenz zu jenem, von dem er sprang: ein Stoffwechselprozeß, der Mensch ist paradox.

Übrigens benutzen wir den Begriff Seitensprung nicht nur im konservativen Sinn: Das Leben ist vielfältiger, die Welt sieht abwechslungsreicher aus – die grauen Farben des Monogamen verwandeln sich in bunt gemixte Dreier, alles erhält neuen Glanz, ob homo, hetero und weiter, immer weiter, diese absonderlichen Meistersprünge der Evolution bis hin zum Vierer, Fünfer, Sechser ... die Grenzlinien sind heutzutage längst verwischt.

Wenn es sich so verhält, so fragen Sie, wie steht's dann mit dem Geist? Es mag unwürdig sein, aber als Leser müssen wir schmunzeln, je mehr es sind, je verschiedenartiger die doppelten Rittberger und Kapriolen – wir haben Mühe, unser Gelächter zu unterdrücken. ... So lesen wir, was uns verwerflich dünkte, mit Genuß, und unser Urteil über unsere Mißbilligung ist längst gefällt: Wer seine Moral einmal überwunden hat, der wird hier tausendfach belohnt.

Binnie Kirshenbaum

Ehebruch für Eingeweihte

»Du bist früh zurück«, sagt mein Mann hinter seiner Zeitung hervor.

Ich könnte auch ein Einbrecher oder ein böser Geist sein, der durch die Tür statt durch das Fenster eindringt, er würde es nicht merken.

»Es ist fast sieben.« Ich ziehe den Mantel aus. »Hast du etwas zu Abend gegessen?«

»Ein Sandwich.«

»Hast du mir etwas von dem Jarlsburg-Käse übriggelassen?«

»Es ist noch reichlich da.« Er blättert um. Die Zeitung raschelt.

Als das Telefon läutet, schneide ich gerade eine Tomate in Scheiben. Den Hörer klemme ich zwischen Ohr und hochgezogene Schulter. So habe ich die Hände frei und kann Mayonnaise aufs Brot streichen und den Käse auspacken, während ich die Frage kläre, was der Multimediakünstler wohl noch von mir will, da ich ja erst vor zwanzig Minuten von ihm aufgebrochen bin.

Er hat angerufen, weil er vergessen hat, mich zu fragen, ob ich morgen abend Zeit habe.

Ich lege den Hörer auf und nehme mein Sandwich mit ins Wohnzimmer.

»Kein Teller?« Mein Mann sieht zu, wie die Krümel des französischen Brotes in einem leichten Schneeschauer herniederrieseln.

»Das war der Multimediakünstler«, informiere ich ihn.

»Wer?«

»Der Multimediakünstler. Der Bekannte von mir, der malt, bildhauert, schreibt und komponiert, alles auf einmal.«

Mein Mann sieht immer noch verständnislos drein, also sage ich: »Der, bei dem ich heute nachmittag war. Er hat mich gerade zu einer Eröffnung morgen abend eingeladen. In Manhattan. Eine der Galerien in der 57th Street.«

»Das klingt nett«, sagt mein Mann.

Die beste Methode, der sauberste, sicherste Weg beim Ehebruch ist der: Wann immer es möglich ist, einfach die Wahrheit erzählen.

Die Wahrheit ist befreiend, man kann damit nicht auf die Nase fallen. Die Wahrheit in Grenzen natürlich. Man sollte nicht naiv und dumm sein. Man sollte seinem Mann nicht sagen: »Ich gehe jetzt zu meinem Lover, einem meiner Lover. Wir werden uns den ganzen Abend lang die Seele aus dem Leib ficken.«

Aber lügen wäre ein noch größerer Fehler. Niemals würde ich eine kranke Tante erfinden, niemals behaupten, eine Kessel-Schwester sei trostbedürftig und brauche mich an ihrer Seite. Auch würde ich nie vorgeben, Mittwoch abends an einem Italienischkurs teilzunehmen, denn eines Tages würde mein Mann gewiß sagen: *Allora, cara mia, parli un po d'italiano per me.*

Lügen, direkte Lügen, fallen auf einen zurück; plötzlich hat man den Kopf in der Schlinge und verfängt sich mit den Füßen in Fallstricken wie bei einem dieser chinesischen Springseile.

Bevor man heiratet, sollte man sich am besten mit der Frage auseinandersetzen: Bin ich eine Rumtreiberin?

Wenn die Antwort ja lautet, oder zumindest lauten könnte, ist es klug, einen Mann auszuwählen, der außereheliche Unternehmungen billigt. Ich meine nicht einen Mann, der für so eine offene Ehe ist, wo ihr – du, dein Partner für die Nacht und dein Mann – am nächsten Morgen alle zusammen am Frühstückstisch sitzt. Das ist krank. Lieber sollte man sich einen Mann aussuchen, der eigene Freunde und eigene Interessen an seiner Frau schätzt.

Am besten also einen Mann, der mit seiner Karriere, einem Sport oder seiner Geliebten genug zu tun hat.

Ehebruch ist nahezu unmöglich, wenn der Mann wie ein Frettchen ständig neugierig hinter einem herschnüffelt. Es kann auch nicht klappen, wenn der Ehemann besitzergreifend und unsicher ist.

Such dir einen Mann, der etwas Kaltes an sich hat.

Halte deinen Ehebruch sauber, die Geschichten stromlinienförmig.

Morgen abend kann ich den Multimediakünstler ohne jede Furcht treffen.

Wenn ich dann herumstehe, Wein trinke und mir gespreizte Kommentare zu den Bildern anhöre, brauche ich mir keine Sorgen zu machen. So groß diese Stadt auch ist, die Kreise können klein werden und sich überschneiden. Doch sollte ich bei der Eröffnung in der Galerie jemandem begegnen, jemandem, der meinen Mann kennt, dann gibt es keinen Grund, in Panik zu geraten. Ich brauche nicht zur Tür zu stürzen oder mich in der Toilette zu verstecken.

Ich habe niemanden hintergangen.

Unbeschwert kehre ich dann nach Hause zurück, und mein Mann fragt: »Wie war's?«

»Es gab diesen leckeren Käse«, kann ich dann antworten. »Der, den man zum Reifen in Vulkanasche schichtet.«

»Morbier.« Mein Mann kennt seine Käsesorten.

»Ja«, antworte ich.

Und dann gestehe ich: »Die Bilder haben mir nicht gefallen. Hinterher sind wir noch zum Loft des Multimediakünstlers gegangen, und er hat mir erklärt, warum es sich um bedeutende Kunstwerke handelt, aber offengestanden, ich kapiere es immer noch nicht.«

»Klingt nach einem netten Abend.«

Dann wird mein Mann sich wieder seinen eigenen Dingen zuwenden wollen.

Und ich verziehe das Gesicht und sage: »Es war okay. Nichts Besonderes.« Und auch das wird der Wahrheit so nahe kommen, daß es ehrlich ist.

Lorenzo da Ponte

Don Giovanni klärt Leporello auf

DON GIOVANNI:
Ich soll die Weiber lassen?
Dummkopf,
die Weiber lassen!
Höre, ich brauche die Frauen mehr,
als das Brot zum Essen
und die Luft, die ich atme!

LEPORELLO:
Und dennoch betrügt Ihr sie alle?

DON GIOVANNI:
Das ist alles Liebe!
Wer einer einzigen treu ist,
ist grausam zu allen anderen.
In meinem Herzen,
das die Natur so groß geschaffen,
ist Raum genug für alle,
und nur die Frauen,
die das nicht begreifen,
nennen meine Großzügigkeit Untreue.

LEPORELLO:
Ich habe niemals ein großzügigeres
und warmherzigeres Naturell gesehen.

Ovid

Liebeskunst

Folgt dem Beispiel der Göttinnen,
sterbliche Wesen, verweigert Freuden,
wie ihr sie gewährt, Männern nicht,
die euch begehrn.

Mögen sie euch auch betrügen,
was geht euch verlorn? Alles bleibt euch;

Nehmen sie tausend sich auch – daraus entsteht
kein Verlust. Eisen, das nutzt sich ab;
vom Gebrauch wird der Kieselstein kleiner;

Der Teil hält stand, und es droht keinerlei
Einbuße ihm. Wer verbietet denn,
Licht vom offenen Lichte zu nehmen?

Wer will im tiefen Meer sparsam
das Wasser bewahrn?
Trotzdem gibt's Fraun, die zum Manne
»Da ist nichts zu machen« noch sagen?

Sag, was verlierst du? Doch nur,
daß du dann Wasser verbrauchst!
Nicht macht mein Wort euch zu Dirnen,
es läßt nur nicht zu, daß ihr grundlos

Angst vor Verlust habt; was ihr schenkt,
bringt euch keinen Verlust.

Quellennachweis

Ursula Assaf-Nowak: »Der eifersüchtige Türke und seine Frau aus Kairo«. Aus: Arabische Märchen. Hrsg. und übersetzt von Ursula Assaf-Nowak.

Barbara Bronnen: »Zum Seitensprung«. Aus: Lauter Seitensprünge. Ein literarisches Lesebuch, herausgegeben von Barbara Bronnen, Beck'sche Reihe Nr. 1173.

Charles Bukowski: »Hallo, Barbara«. Aus: Gedichte vom südlichen Ende der Couch. Aus dem Amerikanischen von Carl Weissner.

Giacomo Casanova: »Helene und Hedwig«. Aus: Geschichte meines Lebens.

Lorenzo da Ponte: »Don Giovanni klärt Leporello auf«. Aus: Don Giovanni, 2. Akt, 1. Szene. Aus dem Italienischen von Afra Margaretha.

Lisa Fitz: »Liebhaber Typologie«. Aus: Die heilige Hur'.

Max Frisch: »Ist die Ehe für Sie noch ein Problem?« Fragebogen. Aus: Tagebuch 1966–1971.

Robert Gernhardt: »Noch eine Szene noch einer Ehe«. Aus: Über alles.

Robert Gernhardt: »Die Lust kommt«. Aus: Gedichte 1954–1994.

E.W. Heine: »Telefonseelsorge«. Aus: Kuck Kuck. Neue Kille Kille Geschichten.

Elfriede Jelinek: »Anfang«. Aus: Die Liebhaberinnen.
© 1975 Rowohlt Taschenbuch Verlag GmbH, Reinbek.

Binnie Kirshenbaum: »Ehebruch für Eingeweihte«. Aus: Kurzer Abriß meiner Karriere als Ehebrecherin. Aus dem Amerikanischen von Barbara Ostrop.
© 1996 Deutscher Taschenbuch Verlag, München, für die deutsche Erstausgabe.

Wolfgang Körner: »Ehefestigkeits-Härtetest«. Aus: Der einzig wahre Eheberater.
© 1989 Wolfgang Körner

Javier Marías: »Personenstandsänderung«. Ausschnitt aus: Mein Herz so weiß. Roman. Aus dem Spanischen von Elke Wehr.
© 1992 Javier Marías. Klett Cotta, Stuttgart, 1996.

Franziska Martini: »Der Mann als Jäger und Sammler.«
© Franziska Martini

Quim Monzó: »Die Monarchie«. Aus: Der Grund der Dinge.
© 1995 Frankfurter Verlagsanstalt GmbH, Frankfurt am Main.

Henri Michaux: »Fingerzeig für junge Ehen«. Aus: In der Gesellschaft der Ungeheuer. In: Dichtungen, Schriften II.
© 1971 S.Fischer Verlag GmbH, Frankfurt am Main.

Ovid: »Liebeskunst«. Aus: Liebeskunst, Sammlung Tusculum 3.
© 1991 Artemis & Winkler Verlag, Düsseldorf/Zürich.

Oskar Pastior: »Schiwwer«. Aus: Jalousien aufgemacht.
© 1987 Carl Hanser Verlag, München/Wien.

Adam Phillips: »Monogamie«. Aus: Monogamie.
© 1996 Adam Phillips. Fischer TB-Verlag GmbH, Frankfurt am Main, 1997.

Luigi Pirandello: »Eine ideale Ehe«. Aus: Gesammelte Werke.
© 1998 Ullstein Buchverlage GmbH & Co. KG, Propyläen Verlag, Berlin.

Saki: »Das Schweigen der Lady Anne«. Aus: Meistererzählungen. Aus dem Englischen von Günter Eichel.
© der deutschen Übersetzung 1964, 1973 Diogenes Verlag AG, Zürich.

Sempé: »Als ich dich kennenlernte…«. Aus: Wie verführe ich die Männer?
© 1982 Diogenes Verlag AG, Zürich.

Sei Shonagon: »Eine Anweisung für Kavaliere«. Aus: Das Kopfkissenbuch der Sei Shonagon (in der Übersetzung von Mamoru Watanabé).
© 1952 Manesse Verlag , Zürich.

Burkhard Spinnen: »Die Geliebten«. Aus: Trost und Reserve.
© 1996 Schöffling & Co. Verlagsbuchhandlung GmbH, Frankfurt am Main.

Ludwig Thoma: »Der Christabend.« Aus: Gesammelte Werke. Band IV.
R. Piper und Co. Verlag, München.

Kurt Tucholsky: »Eine Ehepaar erzählt einen Witz«. Aus: Gesammelte Werke.
© 1960 Rowohlt Verlag GmbH, Reinbek.

Mark Twain: »Adams Tagebuch«. Aus: Adams Tagebuch. In der Bearbeitung von Marie-Louise Bischof und Ruth Binde.
© 1960, 1983 Diogenes Verlag AG, Zürich.

John Updike: »Dein Liebhaber hat eben angerufen«. Aus: Der weite Weg zu zweit. Aus dem Amerikanischen von Karin Polz.
© 1982 Rowohlt Verlag GmbH, Reinbek.

Birgit Vanderbeke: »Alberta empfängt einen Liebhaber«. Aus: Alberta empfängt einen Liebhaber.
© 1997 Alexander Fest Verlag, Berlin.

Ror Wolf: »Ehe«. Aus: Raoul Tranchirers vielseitiger großer Ratschläger für alle Fälle der Welt.
© 1983 Anabas-Verlag, Frankfurt am Main.